ROMANS
HISTORIQUES
DE
SIR WALTER SCOTT.

Guy Mannering

ou

L'Astrologue.

Tome 2.

Paris.

1823.

5. Sont espagnols :

1. Tous les hommes libres, nés et don
les possessions des Espagnes, ainsi que le

2. Les étrangers qui ont obtenu de
naturalisation des cortès ;

3. Ceux qui, sans ces lettres de nat
sont domiciliés, conformément à la loi,
ans dans quelque ville ou village de la m

4. Les affranchis, dès qu'ils ont acqu
dans les Espagnes.

6. L'amour de la patrie est un des pr
voirs de tous les Espagnols, ainsi que
la bienfaisance.

7. Tout Espagnol est obligé d'être fidè
titution, d'obéir aux lois et de respecter
constituées.

8. Est également obligé tout Espagno
cune distinction, de contribuer, à pr
ses facultés, aux dépenses de l'État.

9. Tout Espagnol est encore obligé d
la patrie, les armes à la main, quand il
par la loi.

GUY MANNERING

ou

L'ASTROLOGUE.

II.

GUY MANNERING

OU

L'ASTROLOGUE,

PAR

SIR WALTER SCOTT.

TRADUCTION NOUVELLE.

TOME SECOND.

PARIS,

F. DENN, rue des Grands-Augustins, n.º 21.
MASSON, rue Hautefeuille, n.º 14.

M DCCC XXIII.

GUY MANNERING

ou

PARIS

..., rue des Grands-Augustins, n° 24

MASSON, rue Hautefeuille, n° 14

M DCCC XXXII

GUY MANNERING

OU

L'ASTROLOGUE.

CHAPITRE I.

La garde d'une fille est un bien lourd fardeau.
REGNARD.

APRÈS la mort de M. Bertram, Mannering avait entrepris un petit voyage, se
proposant de retourner aux environs d'Ellangowan avant que les biens fussent ven-
dus. Il se rendit à Edimbourg, et en re-
venant vers le sud de l'Écosse, il trouva
une lettre de son ami Mervyn dans une
petite ville éloignée de cent milles de Kippletringan, où il l'avait prié de lui écrire.
Elle contenait des nouvelles peu satisfai-
santes. Puisque nous nous sommes déjà
permis de nous initier dans le secret
de sa correspondance, nous allons encore
user du même privilége, en donnant un
extrait de cette lettre.

II.   1

« Je vous demande pardon, mon très-
cher ami, du chagrin que j'ai dû vous
occasionner, en vous forçant à rouvrir
vous même des blessures qui n'étaient pas
encore cicatrisées. J'ai toujours ouï dire,
quoique peut-être sans fondement, que
les assiduités de M. Brown ne regardaient
que Miss Mannering; il n'en est pas moins
vrai cependant que cette témérité méritait
d'être punie. Les hommes sages préten-
dent que dans l'état de société nous n'a-
bandonnons le droit de notre défense naturelle, qu'à condition que les lois nous
protégeront: là où les lois sont sans forces, il n'y a plus de concession. Par exemple, personne ne me contestera le droit
de défendre ma vie et ma bourse contre
un voleur de grand chemin, comme le ferait un indien sauvage qui ne connait ni
lois ni magistrats. La résistance ou la soumission doivent être subordonnées à nos
moyens de défense. Mais si armé, égal en
forces, je souffre volontairement une injustice, un outrage, je pense qu'on n'attri-
buera cette conduite à des sentimens reli-

gieux que dans un quaker. Mon honneur
offensé me présente le même cas. Cette
insulte quelque légère qu'elle paraisse est
néanmoins beaucoup plus grave, plus im-
portante pour moi, que si j'étais devalisé
par un voleur sur la grande route ; la loi
qui punira le brigand, ne vengera point
mon honneur outragé. Si Arthur Mervyn
se laisse enlever sa bourse, parce qu'il n'a
pas les moyens ou peut-être le courage de
la défendre, tôt ou tard les assises de Lan-
caster ou de Carlisle conduiront le voleur
au gibet! Mais qui osera me prouver que
je sois obligé d'attendre cette justice, et de
me laisser piller, si j'ai les moyens et la
volonté de défendre mon bien ? Mais si je
reçois un outrage sanglant, et qu'en l'en-
durant avec patience je souille ma réputation aux yeux de tout homme d'honneur,
les douze grands juges d'Angleterre avec
le chancelier pourront ils jamais effacer
cette tache ? et quelle loi , quelle raison
m'empêcheront de tirer vengeance d'une
injure infiniment plus sensible que la
perte de toute ma fortune et de mon

existence? Quant à ce que prescrit la reli-
gion, je m'abstiendrai d'en parler, jusqu'à ce que je trouve un théologien qui
condamne la défense de ses biens et de sa
vie. Si cette défense est légitime, quelle
différence met-on entre défendre ses biens
et sa vie, et défendre son honneur? Vainement l'on m'objectera que ma réputation
peut-être compromise par une personne
d'une vertu irréprochable et d'un rang
élevé, j'en gémirai; mais sur un champ
de bataille en combattant pour ma patrie,
dois-je fuir devant un brave ennemi, par
cela seul que j'ai conçu pour lui une profonde estime? Je laisse cependant aux ca-
suistes le soin de discuter cette question,
en observant que je ne prétends point faire
l'éloge des duellistes ni des provocateurs
dans une affaire d'honneur. J'ai voulu seulement prouver que l'on est irréprochable,
lorsqu'on s'est battu pour laver une of-
fense, qui, si elle avait été lâchement souf-
ferte, entraînerait pour toujours la perte
de son rang, et de ses droits à la considération publique.

« Je suis fâché que vous ayez pris la
résolution de vous établir en Ecosse, mais
je me réjouis cependant de ce que vous
ne vous éloignez pas davantage, et de ce
que notre latitude est plus favorable. Aller du Devonshire au Westmoreland ferait
trembler un habitant des Indes, mais venir
du Galloway ou du Dumfrieshire, c'est
un pas, quoique bien court, qui vous rap-
proche du soleil. D'ailleurs, si comme je
le suppose, le domaine que vous avez en
vue est voisin du vieux château où vous
remplîtes le rôle d'astrologue, dans la
tournée que vous fîtes dans le nord, il y
a vingt-quatre ou vingt-cinq ans, et que
vous m'avez décrit si souvent avec une
onction si comique, je renonce à l'espoir
de vous détourner de cette acquisition.
J'espère cependant que le lord hospitalier
et bavard n'a pas encore coulé bas, et que
son digne chapelain dont nous avons tant
ri, est encore *in rerum naturâ*.

« C'est ici, mon cher Mannering, que
je voudrais pouvoir finir ma lettre, et ce
n'est pas sans une véritable peine que je

1.

a continue. Ne croyez pas néanmoins que nous ayons la moindre indiscrétion à reprocher à l'aimable enfant que vous m'avez momentanément confiée. Mais comme je ne veux pas perdre le surnom de *franc-parleur* que l'on m'avait donné au collège, voici l'affaire en deux mots:

« Votre fille a beaucoup de la tournure romanesque de votre esprit, et un peu de ce désir d'être admirée, dont toutes les jolies femmes sont plus ou moins animées. Elle sera sans doute votre héritière; circonstance indifférente pour ceux qui voient Julie avec mes yeux, mais attrait puissant pour ceux qui courent après la fortune. Vous savez que je la plaisantais souvent sur sa douce mélancolie, sur ses promenades solitaires de grand matin, avant que personne fût levé, ou le soir au clair de la lune, lorsque tout le monde était couché ou jouait aux cartes, ce qui revient à-peu-près au même. L'incident dont j'ai à vous entretenir ne passe peut-être pas les bornes du badinage; mais j'aime mieux que vous en riez le premier que moi.

« J'ai entendu deux ou trois fois à une
heure fort avancée de la nuit ou de grand
matin, un flageolet jouer le petit air indou
dont votre fille raffole. Je crus d'abord
qu'un des domestiques, amateur de
la musique et ne pouvant se livrer à son
goût pendant le jour, choisissait cette heure
silencieuse pour imiter les sons qui avaient
frappé son oreille pendant qu'il faisait son
service dans le salon. Mais la nuit dernière,
ayant veillé un peu tard dans mon cabinet,
qui se trouve immédiatement au dessous
de l'appartement de miss Julie, j'entendis
non seulement le flageolet, mais je me
convainquis qu'il venait du lac qui est au
dessous de ma fenêtre. Curieux de connaître l'auteur de cette sérénade, j'ouvris
doucement mes volets; mais je n'étais pas
le seul aux écoutes. Vous vous rappelez
que miss Mannering préféra cet appartement, à cause du balcon qui donne sur le
lac. Eh! bien, sa fenêtre et ses volets s'ou-
vrirent, et sa propre voix entra en conversation avec une personne qui lui répondait d'en bas. Ce n'est pas là *beaucoup de*

bruit pour rien ; je ne puis m'être trompé,
car c'était bien sa voix douce et insinuante;
et à vous dire la vérité, la voix qui semblait sortir du lac était aussi tendre et aussi
passionnée que la sienne ; cependant je ne
pus distinguer ce qu'ils disaient. J'ouvris
les croisées de ma fenêtre pour mieux
entendre et savoir quelque chose de ce
rendez-vous à l'espagnole ; mais malgré
mes précautions le bruit troubla ce doux
entretien; les croisées de la jeune miss se
fermèrent , et le frémissement de l'eau
frappée par des rames m'annonça la retraite de l'autre interlocuteur. J'entrevis
même la barque sillonner le lac avec une
telle rapidité, qu'elle paraissait conduite
par douze rameurs. J'interrogeai le lendemain les domestiques, comme sans intention, et j'appris que le garde-chasse
en faisant sa ronde avait vu deux fois la
barque près de la maison avec une seule
personne et qu'il avait entendu le flageolet.
Je cessai mes questions pour ne point com-
promettre Julie. Le lendemain à déjeuner,
je fis tomber la conversation sur la sérénade de la veille, et je vis miss Mannering

rougir et pâlir alternativement. Je donnai
alors à cette circonstance une tournure qui
put lui faire croire que je ne l'avais remar-
quée que par hasard. Mais par prudence
j'ai fait placer dans ma bibliothèque un
fanal qui veille toute la nuit, en laissant les
volets ouverts pour éloigner le visiteur
nocturne ; et j'ai engagé Julie à renoncer
à ses promenades solitaires à cause de
l'approche de l'hiver, et de l'humidité des
brouillards. Elle y a consenti avec une
docilité qui n'est pas dans son caractère ;
et à vous dire le vrai, c'est ce qui me plait
le moins dans cette affaire. Julie tient trop
du caractère de son cher papa, pour suivre d'autre volonté que la sienne, si elle ne
voyait pas la nécessité d'une prudente dissimulation.

« Mon histoire est finie : voyez maintenant
ce qu'il vous convient de faire. Je n'ai parlé
de rien à mon épouse, qui, indulgente
pour les faiblesses de son sexe, m'aurait
empêché de vous instruire de ces petites
particularités, et aurait voulu exercer son
éloquence auprès de miss Mannering;
arme puisante lorsqu'elle est dirigé contre

moi, mais qui, malgré son but légitime, aurait fait dans cette conjoncture plus de mal que de bien. Peut-être jugerez-vous qu'il serait plus prudent de garder le silence sur cette petite anecdote. Julie ressemble beaucoup à un de mes amis, elle a une imagination vive et ardente, prompte à s'exagérer les biens comme les maux de cette vie ; c'est cependant une aimable et charmante personne, belle, bonne et remplie d'esprit. Je lui ai donné de tout mon cœur le baiser que vous m'avez envoyé pour elle, elle m'a frappé dans la main avec ses jolis doigts pour m'en témoigner sa gratitude. Je vous invite à revenir le plutôt possible. Fiez-vous toujours aux soins de votre ami

ARTHUR MERVYN.

« P. S. Il est naturel que vous désiriez savoir si je connais l'auteur de la sérénade : ma foi, non. Parmi les jeunes gentilshommes d'un rang et d'une fortune à prétendre à la main de miss Mannering, je n'en vois aucun qui jouât ce rôle romanesque. Mais de l'autre côté du lac, vis-à-vis Mervyn-hall, est une hôtellerie où se ren-

dent des voyageurs de toute espèce, poètes,
comédiens, musiciens, peintres, qui viennent composer, déclamer, chercher des ins-
pirations dans ces lieux pittoresques. Aussi
nous payons bien cher ces beautés de la nature, qui nous attirent cet essaim de vagabonds. Si Julie était ma fille, ce serait
un de ces messieurs que je craindrais le
plus. Elle est généreuse et romanesque,
elle écrit six fois par semaine à une de ses
amies, et c'est une chose dangereuse de
chercher un sujet pour exercer ses sentiments et sa plume. Adieu encore une fois :
si j'avais traité cette affaire avec plus d'importance, j'aurais cru faire tort à votre
jugement ; si je l'avais passée sous silence,
j'aurais craint de perdre votre estime. »

D'après le contenu de cette lettre, Mannering envoya son infidèle messager à M·
Mac-Morlan avec les pouvoirs nécessaires
pour acquérir le domaine d'Ellangowan ; il
tourna ensuite la tête de son cheval dans une
direction plus méridionale ; et il ne s'arrêta
que lorsqu'il fut arrivé à la maison de M·
Mervyn son ami, située sur un des lacs du
Westmoreland.

CHAPITRE II.

...... Ce commerce enchanteur,
Aimable épanchement de l'esprit et du cœur ;
Cet art de converser sans se voir, sans s'entendre,
Ce muet entretien, si charmant et si tendre,
L'art d'écrire, Abaylard, fut sans doute inventé
Par l'amante craintive et l'époux agité :
Tout vit par la chaleur d'une lettre éloquente ;
Le sentiment s'y peint sous les doigts d'une
　　　　amiante,
Le cœur s'y développe. Elle peut sans rougir
Y mettre tout le feu d'un amoureux désir.

COLARDEAU.

LE premier soin de Mannering à son retour en Angleterre, avait été de placer sa
fille dans une excellente maison d'éducation.
Mais ne trouvant pas qu'elle fit des progrès aussi rapides que son impatience l'attendait, il l'en retira après le premier tri-
mestre ; de sorte qu'elle n'eut que le temps
de se lier d'une *amitié éternelle* avec miss
Mathilde de Marchmont, jeune personne
de

de son âge (environ dix-huit ans). C'é-
taient ses yeux fidèles qui lisaient les nom-
breuses missives qui s'envolaient de Mervyn-hall portées sur les ailes de la poste ,
tandis que miss Mannering y demeurait.
Nous en donnerons quelques extraits pour
l'intelligence de cette histoire.

« Hélas ! chère Mathilde , que de tristes
choses j'ai à vous raconter ! Dès le berceau
le malheur s'est attaché aux pas de votre
amie ! Faut-il que nous soyons séparées
pour une cause si légère ! Une faute contre
la grammaire dans un thème italien , et
trois fausses notes dans une sonate de
Paësiello ! Tel est le caractère de mon
père : aussi ne saurais-je dire quel sentiment il m'inspire le plus , si c'est l'amour ,
l'admiration, ou la crainte. Ses nombreux
succès à la guerre , sa volonté forte devant qui tout doit céder , même les obstacles les plus insurmontables , tout cela a
donné à son caractère une telle opiniâtreté,
qu'il ne peut souffrir la moindre contradiction , ni pardonner la plus légère faiblesse. Néanmoins c'est un homme accom-

pli. Savez-vous qu'il court un bruit confir-
mé à-demi par quelques mots mystérieux
échappés à ma pauvre mère , qu'il possède
d'autres sciences maintenant inconnues au
monde, qui lui donnent le pouvoir de pénétrer dans les secrets de l'avenir. L'idée
de ce pouvoir ou même ce talent et cette
supériorité intellectuelle qui peuvent le
remplacer aux yeux du vulgaire ; ne suffi-
sent-ils pas, ma chère Mathilde, pour
donner à celui qui les possède une gran-
deur mystérieuse ? Vous appellerez cela
du romanesque ; mais considérez que je
suis née dans le pays des magiciens et des
talismans , que mon enfance a été bercée
par des contes de génies qui ne vous sont
connus que par une traduction française
qui leur ôte tous leurs charmes. O Mathilde, je voudrais que vous eussiez vu les
visages basanés de mes esclaves indiennes
tournés dans le silence de l'attention vers
la conteuse, qui dans son langage mêlé
de prose et de vers , les enchantait par ses
magiques narrations. Je ne m'étonne plus
que les fictions des Européens paraissent

froides et languissantes, quand on a vu
les effets merveilleux que les contes orien-
taux produisent sur leurs auditeurs.

SECOND EXTRAIT.

« Vous connaissez, Mathilde, les sentiments secrets que mon cœur conserve
pour Brown; je ne dis pas pour sa mémoire, je suis certaine qu'il vit et qu'il est
fidèle. Ses intentions étaient pures, elles
étaient autorisées par ma mère, imprudemment peut-être, vu les préjugés de
mon père sur le rang et la naissance. Mais
devait-on attendre de moi, qui n'étais qu'un
enfant, que j'eusses plus de sagesse que
celle que la nature m'avait donnée pour
guide. Mon père était constamment occupé
de ses devoirs militaires, je ne le voyais
qu'à de longs intervalles et il m'inspirait
plus de respect que de confiance. Plût-à-
Dieu qu'il en eût été autrement! nous se-
rions plus heureux aujourd'hui. »

TROISIÈME EXTRAIT.

« Vous me demandez pourquoi je n'in-

forme pas mon père que Brown est en vie ,
ou du moins qu'il a survécu à sa blessure ;
qu'il a écrit à ma mère pour lui annoncer
sa convalescence et son espoir d'échapper
bientôt à sa captivité. Un soldat qui a vu
périr tant de monde à la guerre , n'é-
prouve probablement aucun chagrin en
réfléchissant à une catastrophe qui m'ôta
tout sentiment. Lui montrer une lettre
où Brown vivant conserve encore les
mêmes prétentions pour lesquelles mon
père avait voulu lui ôter la vie, ne serait-
ce pas troubler davantage son repos que de
le laisser croire à sa mort supposée ? S'il
a le bonheur d'échapper aux mains des
brigands qui le retiennent , il retournera
bientôt en Angleterre , et ce sera alors le
moment de réfléchir de quelle manière
mon père peut-être instruit de son existence. Mais si cette espérance s'évanouissait ,
pourquoi lui rappeler tant de douloureux
souvenirs ? Ma mère craignait tant que ce
mystère fut dévoilé, qu'elle préféra, je
crois, laisser soupçonner à mon père que
les attentions de Brown étaient pour elle.

plutôt que de lui laisser deviner leur objet réel. Mais, ô Mathilde, malgré tou le respect que je dois à sa mémoire, i faut que je rende à mon père la justice qui lui est dûe. Je dois condamner la politique incertaine qu'elle adopta, comme injuste pour mon père et dangereuse pour elle et pour moi. Mais que ses cendres reposent en paix ! Ses actions ont eu pour guide son cœur plutôt que sa tête, et ce n'est pas à l'héritière de sa faiblesse à soulever la première le voile qui couvre ses défauts. »

QUATRIÈME EXTRAIT.

Mervyn-Hall.

« Si l'Inde est le pays de la magie, ma chère Mathilde, je suis aujourd'hui dans celui du roman. La nature y montre ce qu'elle a de plus grand et de plus majestueux : cataractes mugissantes, monts audacieux qui cachent leurs sommets dans les nues, lacs limpides qui baignent des vallées ombragées et offrent à chaques détours les sites les plus romantiques. L'on

2.

y trouve l'âpre nature de Salvator et les riants paysages de Claude. Je suis heureuse de trouver un objet pour lequel mon père partage mon enthousiasme. Admirateur de la nature, comme peintre et comme poète, il m'a fait éprouver le plus vif plaisir, lorsqu'il en développait les mystères sublimes. Je voudrais qu'il s'établît dans ce pays enchanté; mais son projet est de se fixer plus au nord, et il est maintenant en Ecosse, cherchant à y acheter un domaine pour y faire sa résidence. D'anciens souvenirs l'attachent à cette contrée; ainsi, ma chère Mathilde, il faut que je m'éloigne encore davantage de vous avant d'être établie dans notre maison. Mais lorsque nous aurons une demeure fixe, avec quel plaisir je pourrai vous écrire: Viens, Mathilde, viens habiter quelque temps sous le même toit que ta fidèle Julie.

« Je suis à présent chez M. et Mme Mervyn, anciens amis de mon père. La dernière est une bonne femme, moitié ménagère, moitié dame, mais pour les

talents et l'imagination, il y a quelque
sympathie entr'elle et mistress Teach'em.
Vous voyez que je n'ai pas oublié nos sobriquets de pension. Mervyn est différent,
bien différent de mon père, cependant il
m'amuse et se prête à mes caprices. C'est
un homme de bonne humeur, doué d'un
gros bon sens et d'une gaîé franche. Je
prends plaisir à le faire grimper au som-
met des rochers ou descendre jusqu'au
bord des cascades; en revanche, je suis
obligée d'admirer ses navets, sa luzerne
et son sainfoin. Il me croit, j'imagine,
une fille simple, romanesque, assez belle
(passez-moi le mot) et d'un assez bon
naturel; je conviens qu'il a assez de tact
pour juger de l'extérieur d'une femme,
mais non pour pénétrer ses sentiments. Il
m'accompagne souvent quoique le pauvre
homme ait la goutte aux pieds et aux mains,
il me raconte de vieilles histoires du grand
monde où il a vécu long-temps; je l'écoute,
je souris, je m'efforce de paraître aimable, et nous nous trouvons bien ensemble.

« Mais hélas! ma chère Mathilde, que

le temps se passerait lentement dans ce paradis romantique, vis-à-vis ces deux originaux, si vous n'étiez exacte à répondre à mes insipides missives! Aussi je vous prie de ne pas manquer de m'écrire trois fois la semaine au moins, vous ne manquez pas de sujets. »

CINQUIÈME EXTRAIT.

« Comment aurai-je la force de vous communiquer ce que j'ai à vous dire! Mon cœur et ma main sont si agités, que je puis à peine tenir la plume. Ne vous ai-je pas dit qu'il était vivant ? Ne vous ai-je pas dit qu'il était fidèle ? Ne vous ai-je pas dit aussi que l'espérance ne m'avait pas abandonnée ? Comment pourriez-vous supposer que mes sentiments, parce que je les avais conçus si jeunes, venaient plutôt de mon imagination ardente que de la sensibilité de mon cœur. Oh ! je savais bien qu'ils étaient véritables, et que je ne m'étais point trompée. Mais je reviens à ce que j'ai à vous dire; que cette intime confidence soit le plus sacré comme le plus sincère gage de notre amitié.

«On se couche ici de bonne heure, de
trop bonne heure pour mon esprit fatigué
d'impatience et d'ennui. Dès que je suis
dans ma chambre, où se trouve un petit
balcon qui domine sur le beau lac dont
j'ai tâché de vous donner une esquisse, je
prends un livre et je l's pendant une heure
ou deux. Mervyn-Hall, ancien édifice for-
tifié, est bâti sur le bord de l'eau. Une
pierre qu'on laisserait aller du haut du
balcon plongerait dans le lac, qui se trouve
en cet endroit assez profond pour porter
un bateau. J'avais laissé ma fenêtre entr'ouverte pour admirer, selon ma coutume,
les accidents de lumière que produisaient
les rayons de la lune réfléchis dans les
flots. Je lisais avec intérêt cette belle scène
du *Marchand de Venise*, où deux amants
faisant la description d'une belle nuit d'été,
enchérissent l'un sur l'autre en en peignant
les charmes; j'étais, pour ainsi dire, iden-
tifiée avec eux, lorsque j'entendis sur le
lac le son d'un flageolet. Je vous ait dit que
c'était l'instrument favori de Brown. Qui
pouvait en jouer dans une nuit qui, quoi-

que calme, était trop froide et dans une
saison trop avancée pour inviter quelqu'un
à une promenade nocturne. J'ouvris davantage ma fenêtre, et j'écoutai sans oser
respirer : les sons cessèrent un moment,
reprirent ensuite, cessèrent encore, et puis
frappèrent mon oreille comme s'ils approchaient de plus en plus. Je distinguai alors
cet air indou que vous appelez mon air favori ; vous savez qui me l'a appris.... l'instrument, les tons étaient les siens....Etait-
ce une musique terrestre, ou bien ces sons
apportés sur l'aile des vents m'annonçaient-
ils sa mort ?

« J'hésitai quelque temps à me mettre
au balcon : rien ne put me donner ce courage que la profonde conviction qu'il vivait
encore, et que nous devions nous retrouver. Malgré la vive palpitation qui agitait
mon cœur, je regardai.... J'aperçus un
petit bateau où se trouvait un seul homme.
Mathilde, c'était lui-même !.... Je le recon-
nus dans les ténèbres de la nuit et après une si
longue absence, comme si nous nous étions
séparés d'hier et que nous nous fussions

rencontrés à la clarté du soleil. Il conduisit son bateau sous le balcon et me parla....
Je ne sais ce qu'il me dit, ni ce que je lui
répondis. J'étais suffoquée par les larmes;
mais que ces larmes étaient douces! Nous
fûmes troublés par les aboiemens d'un chien;
il partit, non sans me conjurer de lui permettre de me voir aujourd'hui, au même
lieu et à la même heure. Quel sera le ré-
sultat de tout ceci? je n'ose répondre à
cette question. Dieu, qui lui avez conservé
la vie, qui l'avez tiré de la captivité, qui
avez préservé mon père du malheur de
donner la mort à celui qui n'aurait pas
voulu arracher un cheveu de sa tête? aidez-
nous à sortir de ce labyrinthe! C'est assez
d'avoir la ferme résolution de ne rien faire
qui fasse rougir Mathilde de son amie,
mon père de sa fille, mon amant de l'objet de ses affections. »

CHAPITRE III.

Parler à un homme de la fenêtre !.... voilà qui est bien.

Beaucoup de bruit pour rien.

Nous continuerons de donner nos extraits des lettres de miss Mannering, qui montrent en elle un sens exquis, des principes purs et des nobles sentimens, qu'une éducation imparfaite et négligée a mêlés de quelques légers défauts. Sa mère n'était pas douée d'un jugement bien sain; elle se complut à regarder son mari comme un tyran, et il fallut ensuite le redouter comme s'il en était un; elle se passionna pour les romans, pour leurs intrigues compliquées, et voulut en conduire un dans le sein de sa famille dont l'héroïne fut sa propre fille, âgée de seize ans; elle fit ses délices de petites intrigues, de secrets d'un rien, de mystères frivoles, et cependant elle tremblait à la seule idée de l'indignation que ces manœuvres exciteraient dans l'esprit de son mari. Pour son amusement ou par esprit de contradiction elle formait un projet ; s'avançant plus loin qu'elle ne l'aurait voulu, elle tâchait d'en sortir par de nouveaux artifices, ou cachant ses erreurs par la dissimulation, elle se trouvait enveloppée dans ses propres filets ; et de crainte d'être compromise dans des projets qui d'abord n'avaient pour but qu'une innocente plaisanterie, elle s'enfonçait plus avant dans le bourbier du mensonge.

Heureusement le jeune homme qu'elle avait imprudemment introduit dans sa société intime, et dont elle avait encouragé les tendres sentiments pour sa fille, avait un fond de principes et d'honnêteté qui le rendait un ami moins dangereux que mistress Mannering n'aurait dû l'espérer. On ne pouvait lui reprocher que l'obscurité de sa naissance ; mais tout le monde pensait de lui, que

L'amour de la vertu, le désir de la gloire
En feraient un héros chéri de la victoire.

Mais pouvait-il résister aux amorces sé-

duisantes que lui présentait miss Mannering, et s'empêcher d'aimer une jeune personne, dont les charmes auraient justifié
sa passion, dans un pays même où les
beautés sont moins rares que dans une forteresse de nos établissemens des Indes. Les
événemens qui suivirent ont été racontés
dans la lettre de Mannering à M. Mervyn,
et donner de plus grands détails, ce serait
abuser de la patience de nos lecteurs.

Nous continuerons de donner des extraits
de la correspondance de miss Mannering
avec son amie.

Sixième Extrait.

« Je l'ai revu, Mathilde, je l'ai revu
deux fois, et j'ai vainement employé toute
mon éloquence pour l'engager à cesser ses
courses nocturnes si dangereuses pour nous
deux ; je l'ai même pressé de ne plus penser
à moi, de suivre ses vues de fortune, en
lui assurant que mon cœur serait désormais
tranquille, puisque j'étais certaine qu'il
n'avait pas succombé sous les coups de mon
père. Il me répondit... mais comment

pourrais-je rapporter tout ce qu'il eut à
me répondre ? Il me rappela ses espérances que ma mère avait autorisées ; il me
proposa de nous unir par un mariage secret. Il n'a pu me persuader, j'ai résisté ;
j'ai subjugué les mouvements d'un cœur
rebelle qui plaidait en sa faveur. Mais comment sortir de ce labyrinthe inextricable
où le destin et la folie nous ont égarés ?

« J'y ai tellement réfléchi que ma tête
en est troublée ; je crois que le meilleur
parti qui me reste est de tout avouer à
mon père. Il le mérite , car sa bonté est
sans bornes : depuis que j'ai observé de
plus près son caractère , je suis persuadée
qu'il ne s'irrite que lorsqu'il soupçonne qu'on
le trompe ; aussi je pense qu'il a été mal
jugé par une personne qui lui était bien
chère. Son esprit a une teinte romanesque ;
je l'ai vu donner au récit d'un action généreuse , d'un trait d'héroïsme, ou d'un acte
de désintéressement , des larmes qu'il re-
fusait à la narration d'un malheur. Brown
m'épouvante en me disant que mon père
est son ennemi personnel , et que l'obs-

curité de sa naissance est un obstacle in-
surmontable. O Mathilde, que vous êtes
heureuse qu'aucun de vos ancêtres n'ait
combattu à Poitiers ni à Azincourt! Si ce
n'était le respect que mon père conserve
pour le vieux Sir Miles Mannering, j'aurais la moitié moins de peine à lui tout
avouer. »

SEPTIÈME EXTRAIT.

« Je reçois à l'instant votre lettre, votre
aimable lettre ; je vous remercie, chère
amie, de votre amitié et de vos conseils :
e ne puis vous en récompenser que par
une confiance sans bornes.

« Vous me demanderez quelle est l'origine de Brown puisque elle est si désagréable à mon père. Voici son histoire ; né en
Ecosse et devenu orphelin, il fut élevé en
Hollande par des amis de ses parents. On
le fit entrer dans le commerce et il fut envoyé fort jeune dans les Indes orientales,
dans un de nos établissements où son tuteur avait un correspondant ; mais celui-ci
étant mort lorsqu'il arriva aux Indes, il

n'eut d'autre ressource que de se placer
comme commis dans un comptoir. La
guerre étant déclarée et des revers ayant
éclairci les rangs de notre armée, les jeunes
gens furent invités à entrer dans la carrière
militaire; Brown qui avait une propension
pour les armes, abandonna le chemin qui
mène à l'opulence pour celui de la gloire.
Vous connaissez le reste de son histoire ;
concevez maintenant la colère de mon père
qui a un souverain mépris pour le commerce, (quoique, soit dit en passant, il
doive sa fortune à mon grand oncle qui
l'avait acquise dans cette honorable profession) et une antipathie contre les Hol-
landais; jugez de quelle oreille il entendra
la demande en mariage de sa fille unique
par Van-Beest Brown, élevé par commi-
sération par la maison Van-Beest et Van-
Bruggen! Oh! Mathilde, il n'y consentirait
jamais; eh ! bien, quelque jeune que je
sois, je partage presque ses sentimens aris-
tocratiques. Mistress Van-Beest Brown!
Ce nom choque un peu mon amour propre.
Que nous sommes enfants ! »

3.

HUITIÈME EXTRAIT.

« Tout est perdu, Mathilde! Le courage m'abandonne pour dire la moindre chose à mon père; je crains même que mon secret ne lui soit connu, ce qui ôterait tout le mérite d'un aveu, et détruirait le léger rayon d'espérance que j'y ai attaché. Ces nuits passées Brown vint à son ordinaire, et son flageolet annonça son approche sur le lac: c'était là le signal dont nous étions convenus. Les bords romantiques de ces lacs attirent beaucoup d'admirateurs de la belle nature qui viennent y nourrir leur enthousiasme à toutes les heures. Nous avions pensé que si Brown était remarqué par quelqu'un de la maison, on le prendrait pour un de ces personnages, qui veut encore ajouter à ses sensations délicieuses par le charme de la musique; ce qui pouvait aussi être une excuse pour moi, si l'on me surprenait sur le balcon. Mais la nuit dernière, tandis que je le pressais vivement de me laisser tout avouer à mon père, nous entendîmes la fenêtre de la bi-

bliothèque de M. Mervyn qui est au-dessous de ma chambre, s'ouvrir doucement.
Je lui fis signe de se retirer, et je rentrai immédiatement avec quelque espoir que mon
entrevue n'aurait pas été observée.

« Mais hélas ! Mathilde, cet espoir s'é-
vanouit devant le sourire badin et gogue-
nard de M. Mervyn pendant le déjeûner.
Il me regardait avec un air d'intelligence
et de confidence si provoquant, que si je
l'eusse osé je me serais livrée au plus violent
accès de colère que j'aie eu de ma vie.
Mes promenades sont bornées et je ne vais
que là où le bon homme peut me suivre.
Je l'ai surpris plusieurs fois cherchant à
pénétrer dans ma pensée et examinant ma
physionomie. Il a parlé plus d'une fois
du flageolet ; il a fait l'éloge de la vigilance
et de la férocité de ses dogues ; il a vanté
l'exacte surveillance de son garde-chasse
qui fait la ronde avec son fusil chargé ;
il a même parlé de pièges dangereux, de
fusils à ressort. Je ne voudrais pas me
brouiller avec un ancien ami de mon père ;
mais si M. Mervyn continue de me pousser

à bout avec ses fatigantes allusions, je lui prouverai que je suis la fille de mon père. Cependant je lui dois de la reconnaissance de ce qu'il n'a rien dit à son épouse. J'en suis certaine : Dieu m'en préserve ! Que de discours j'aurais à essuyer sur les dangers de l'amour et de l'air de la nuit sur le lac ; sur les risques que j'ai à craindre du froid et des coureurs de fortune ; sur l'agrément et la convenance de fermer ses fenêtres. Vous voyez que dans ma tristesse je ne puis m'empêcher de plaisanter. Que fera Brown ? Je présume que la crainte d'être découvert l'empêchera de revenir : il loge à une auberge située de l'autre côté du lac, sous le nom, je crois, de Dawson. Il n'est pas heureux dans le choix des noms qu'il prend. Je le crois encore au service ; cependant il ne m'a rien dit de sa position actuelle.

« Pour mettre le comble à mon inquiétude, mon père est revenu tout-à-coup paraissant fort mécontent. J'ai compris d'après une conversation très-animée entre mistress Mervyn et sa femme de charge, qu'elle ne l'attendait que dans huit jours ;

mais je soupçonne que son arrivée n'a
nullement surpris M. Mervyn. Il m'a
fait un accueil contraint et réservé ; c'en est
assez pour abattre le courage dont j'avais
tant besoin pour une si pénible confidence.
Il attribue sa mauvaise humeur à l'acquisition qu'il a manquée d'un domaine dans le
sud-ouest de l'Ecosse , auquel il tenait
beaucoup ; mais je ne crois pas ce motif
suffisant pour altérer sa tranquillité. Il a
commencé par traverser le lac avec le bâ-
teau de M. Mervyn, et il s'est rendu à l'auberge dont je vous ai parlé. Vous pouvez
vous imaginer dans quelle perplexité j'ai
été jusqu'à son retour? S'il avait reconnu
Brown ; qui sait ce qui en serait résulté ? Il
est revenu cependant sans paraître avoir
fait aucune découverte. J'ai appris qu'il est
dans l'intention de louer une maison dans
le voisinage de ce même Ellangowan , dont
je suis lasse d'entendre parler. Il semble
croire que bientôt ces biens seront de nouveau mis en vente. Je ne vous enverrai la
présente que lorsque je serai assurée de ses
intentions »

« J'ai eu une entrevue avec mon père,
dans laquelle il m'a fait la confidence de
ce qu'il juge à propos que je sache de ses
secrets. Aujourd'hui après déjeûner, il m'a
invitée à le suivre dans la bibliothèque. Mes
genoux tremblaient sous moi, et ce n'est
pas exagérer que de dire que je pouvais à
peine le suivre. Je ne sais ce que je craignais,
dès mon enfance j'ai vu tout le monde
trembler autour de lui, dès qu'il fronçait
les sourcils. Il me dit de m'asseoir ; jamais
je n'ai obéi si promptement, car en vérité
je ne pouvais plus me tenir debout. Il continua de se promener de long en large.
Vous avez vu mon père et vous avez remarqué, je m'en souviens, combien son
regard est expressif ; ses yeux sont naturellement pleins de feu ; mais l'agitation ou
la colère les font briller d'une sombre lueur;
il a l'habitude lorsqu'il se sent ému de se
mordre les lèvres, ce qui indique les combats
que se livrent dans son ame, sa violence
naturelle et l'empire qu'il a sur lui-même.
C'était la première fois que nous étions seuls
depuis son retour d'Ecosse ; et son agita-

tion me faisait craindre qu'il n'entamât la
conversation sur le sujet que je redoutais
le plus.

« A mon grand soulagement, je vis que
je m'étais trompée. Qu'il fût instruit ou
non des découvertes de M. Mervyn, il ne
montra pas l'intention d'en faire le sujet
de notre entretien. Abattue comme je l'étais,
j'en éprouvai le plus vif plaisir, quoique
s'il eut voulu approfondir les bruits qui
étaient venus à son oreille, il n'eût peut-être
pas trouvé ses soupçons fondés. Quoique
j'eusse repris mon courage d'une manière
inattendue, je n'eus pas la force de provo-
quer la discussion, et j'attendis ses ordres
en silence.

— Julie, me dit-il, mon homme d'affaires m'écrit d'Ecosse qu'il m'a trouvé une
maison bien meublée, agréable et commode, elle n'est qu'à trois milles de celle que
j'avais dessein d'acheter. Il s'arrêta et parut
attendre ma réponse.

— Je serai toujours bien dans les lieux
qui vous offriront de l'agrément.

— Cependant je n'exige pas, Julie, que

vous y soyez tout-à-fait seule pendant l'hyver.

« M. et Mme Mervyn, pensai-je en moi-même. — La compagnie que vous me donnerez me paraîtra toujours aimable.

— Oh! je n'aime pas cet esprit de soumission universel; c'est excellent en pratique, mais cela me rapelle les éternels salamecs de nos esclaves indiens. Je sais que la société vous plaît, et je me propose d'inviter la fille d'un de mes amis, mort il y a peu de temps, à venir passer quelques mois avec nous.

— Au nom du ciel! point de gouvernante, m'écriai-je, mon cher papa. La crainte l'emportant en ce moment sur la prudence.

— Ce n'est pas une gouvernante, miss Mannering, me dit-il avec un ton un peu sévère; mais c'est une jeune personne élevée à l'école du malheur, et des exemples de laquelle vous pouvez apprendre à vous gouverner vous-même.

« Répondre, c'eût été s'aventurer sur un terrain trop glissant: il y eut un moment de silence.

La

— La jeune personne est-elle écossaise, papa ?

— Oui (assez sèchement).

— A-t-elle beaucoup l'accent de son pays ?

— Diable! croyez-vous que je me soucie si elle prononce *a* ou *aa*, *i* ou *ee* ? Je vous parle sérieusement, Julie; vous avez du penchant pour l'amitié, ou du moins pour des liaisons que vous appelez ainsi; (cela n'est-il pas bien dur, Mathilde ?) je veux vous donner l'occasion d'acquérir une véritable amie. C'est dans cette intention que j'ai invité cette demoiselle à passer quelques mois avec nous : j'attends de vous que vous aurez pour elle tous les égards dûs au malheur et à la vertu.

— Certainement, monsieur.... Ma future amie a-t-elle les cheveux rouges ?

« Il jeta sur moi un regard sévère; vous me direz que je le méritais bien, mais je crois qu'un malin esprit me suggère ces questions dans quelques occasions.

— Elle est supérieure à vous, ma chère, en beauté comme en prudence et en affection pour ses amis.

II.   4

— Mais croyez-vous, papa, que cette
supériorité soit une bonne recommenda-
tion ? Allons, n'allez pas encore prendre
la chose au sérieux. Quelle que soit cette
demoiselle, recommandée par vous elle
n'aura qu'à se louer de mes attentions.
(après une pause) A-t-elle un domestique ?
dans le cas contraire, je m'empresserai d'y
pourvoir.

N... non.... non pas.... un domestique....
à proprement parler.... Mais le chapelain
qui vivait avec son père, un fort brave
homme, à qui je donnerai un appartement dans la maison.

— Un chapelain, papa ? Dieu nous
bénisse !

— Oui, Miss, un chapelain; ce mot
est-il si extraordinaire ? N'avions-nous pas
un chapelain lorsque nous étions dans les
Indes ?

— Oui, papa, mais vous étiez commandant alors.

— J'espère que je le suis encore, dans
ma famille du moins.

— Certainement, monsieur; mais nous

lira-t-il les prières de l'église anglicane ?

« L'apparente simplicité dont j'accompagnai cette question triompha de sa gravité. — Julie, me dit-il, vous êtes une petite espiègle, je vois que je ne gagne rien à vous gronder. De nos deux hôtes futurs, l'un est une jeune personne que vous serez forcée d'aimer, et l'autre que j'ai appelé chapelain faute de termes plus propres, est un digne personnage, tant soit peu ridicule, qui ne s'apercevra jamais que vous riez de lui, à moins que vous ne riez trop fort.

— Je suis enchantée, mon cher papa de cette partie de son caractère. Mais la maison que nous allons habiter est elle placée dans un site aussi agréable que celle-ci ?

— Pas autant peut-être, selon votre goût ; il n'y a point de lac sous vos fenêtres, et vous n'entendrez d'autre musique que celle que vous ferez chez vous.

« Ce *coup de patte* mit fin à notre entretien ; car vous pouvez croire, Mathilde, que je n'eus plus le courage de répondre

« Cependant, comme vous avez pu en juger par ce dialogue, mes forces se sont relevées, presque malgré moi-même. Brown vit, il est libre, il est en Angleterre ! Je dois me résigner à vivre dans l'inquiétude. Nous partons dans deux jours pour notre nouvelle résidence. Je ne manquerai pas de vous dire mon opinion sur nos deux écossais, que je n'ai que trop de raisons de regarder comme deux honorables espions, l'une en jupons, l'autre en soutane. Quel contraste avec la société que je voudrais avoir ! A l'instant de mon arrivée, j'écrirai à ma chère Mathilde et je lui ferai connaître la destinée ultérieure de sa

JULIE MANNERING.

CHAPITRE IV.

On y voyait de verts feuillages
Entrelacés dans des berceaux,
Formant un dôme de rameaux,
Dont les délicieux ombrages
Font goûter dans des lieux si beaux
Le frais des plus sombres bocages.

LE FRANC DE POMPIGNAN.

Woodbourne que Mannering, par l'entremise de M. Mac-Morlan, avait loué pour une saison, était une demeure vaste et commode, abritée au nord et à l'est par une colline boisée sur laquelle elle était bâtie. La façade regardait une petite plaine terminée par un bosquet de vieux arbres; plus loin quelques terres labourables s'étendaient jusqu'au bord d'une petite rivière qu'on voyait des fenêtres de la maison. Un jardin assez riant quoique à l'ancienne mode, un colombier bien peuplé, des terres qui suffisaient à tous les besoins, rendaient cette campagne très-convenable pour une famille noble.

4.

C'est là que Mannering résolut de se reposer quelque temps de ses fatigues. Quoiqu'il eut habité les Indes, il n'aimait pas
le faste, et sa fierté était trop noble pour
devenir de la vanité. Il se mit donc sur le
pied d'un gentilhomme campagnard aisé,
sans se permettre, ni à aucun de ses gens,
l'ostentation de ce qu'on appelait alors un
Nabab. Il n'abandonnait pas le projet d'acquérir Ellangowan; car Mac-Morlan pensait que Glossin serait bientôt forcé de le
vendre, parce que quelques créanciers lui
disputaient le droit de retenir dans ses
mains une si grande partie du montant de
la vente, et il lui semblait douteux que s'il
fallait rembourser, il en eût les moyens;
Dans ce cas Mac-Morlan croyait qu'en lui
assurant un bénéfice, il se dessaisirait facilement du domaine. Il peut paraître étonnant que Mannering fut si attaché à des
lieux qu'il n'avait vu qu'une fois dans sa
jeunesse, et dans un espace de temps si
court; mais son imagination avait été vivement frappée des circonstances qui y
avaient eu lieu pendant son séjour. Une

destinée semblait lier les malheurs arrivés
à sa famille avec ceux des habitants d'Ellangowan; il avait un secret désir de posséder cette terrasse d'où il avait lu dans les
cieux l'étrange prophétie accomplie dans la
personne de l'enfant héritier de cette famille
et qui coïncidait si exactement avec une autre
prédiction réalisée d'une manière non
moins frappante. D'ailleurs, cette pensée
dominant dans son imagination, il souffrait
à l'idée de voir ses projets détruits par un
homme tel que Glossin, et son orgueil
blessé vint encore fortifier sa résolution
d'acheter ce domaine.

Rendons justice à Mannering; le désir
d'être utile au malheur contribuait aussi à
cette détermination. Il avait considéré les
avantages que Julie pouvait retirer de la
compagnie de Lucy Bertram dont il connaissait la prudence et le bon sens. La
bonne opinion qu'il avait d'elle s'était encore fortifiée, depuis que Mac-Morlan lui
avait confié, sous le sceau du secret, toute
sa conduite à l'égard du jeune Hazlewood.
Lui proposer d'abandonner des lieux où

elle avait passé sa jeunesse et où elle avait
encore des amis, aurait pu l'humilier;
mais l'inviter à venir passer une saison à
Woodbourne, ne devait pas alarmer sa
délicatesse. Lucy Bertram après avoir un
peu hésité accepta cette invitation. Elle
sentit cependant, malgré les soins officieux
du colonel pour lui déguiser la vérité, que
son principal motif était un désir généreux
de lui offrir un asyle et sa protection. A-
peu-près dans le même temps elle reçut
de mistress Bertram, la parente à qui elle
avait écrit, une petite somme d'argent et
une lettre aussi froide qu'on peut se l'imaginer, qui lui recommandait l'économie et
qui l'engageait à se mettre en pension chez
quelque famille paisible de Kippletringan
ou des environs, en l'assurant que quoique
elle ne fût pas riche, elle ne voudrait pas
voir sa cousine manquer de quelque chose.
Miss Bertram ne put retenir ses larmes en
lisant cette épître glacée; elle se rappelait
que pendant la vie de sa mère, cette bonne
parente avait demeuré près de trois ans à
Ellangowan, et y aurait resté jusqu'à sa
mort si elle n'avait hérité d'un bien de 400

liv. sterling de revenu. Elle fut sur le point
de lui renvoyer ce misérable don, que l'orgueil avait arraché à la vieille dame, non
sans de violents combats avec son avarice.
Mais après avoir réfléchi, elle se contenta
de lui répondre qu'elle l'acceptait comme
un prêt, qu'elle espérait lui rendre dans
peu de temps ; elle la consultait en même
temps sur l'invitation du colonel Mannering. La réponse revint courrier par courrier, tant mistress Bertram craignait qu'une
fausse délicatesse ou une grande sottise,
comme elle l'appelait, n'empêchât miss
Lucy d'accepter cette offre, et ne la rendît
un fardeau pour ses parents. Miss Bertram
n'avait donc plus à balancer, à moins
qu'elle ne préférât rester à charge au digne M. Mac-Morlan qui était trop généreux
pour être riche. Les personnes qui lui
avaient offert un asyle ne renouvellaient
plus leurs offres ; soit qu'elles n'eussent
pas été sincères, soient qu'elles se fussent
fâchées de ce qu'elle leur avait préféré M.
Mac-Morlan.

La situation de Dominie Sampson aurait
été déplorable, si elle n'avait pas dépendu

du colonel qui aimait tout ce qui était
original, Mac-Morlan l'avait instruit de ses
procédés envers la fille de son patron.
Mannering dans sa réponse demanda s'i[l]
possédait toujours cette vertu de taciturnité qui le distinguait à Ellangowan; Mac-
Morlan répondit affirmativement. « Faites
savoir à M. Sampson, disait-il dans sa lettre suivante, que j'aurai besoin de son secours pour mettre en ordre et dresser le
catalogue de la bibliothèque de mon oncle
l'évêque que j'ai donné ordre de m'envoyer
par mer; j'aurai également quelques papiers à lui faire copier et arranger. Fixez
ses émoluments à ce que vous jugerez convenable; que le pauvre homme soit mis
décemment, et qu'il accompagne la jeune
miss à Woodbourne. »

L'honnête Mac-Morlan reçut cette commission avec joie, mais ce ne fut pas sans
embarras qu'il réfléchit aux moyens d'habiller Dominie de neuf. Il l'examina de la
tête aux pieds et se convainquit aisément
de la décadence de ses habits présents. Lui
donner de l'argent pour qu'il en achetât,
c'était lui fournir les moyens de se rendre

encore plus ridicule ; car lorsque, par extraordinaire , il arrivait à Dominie d'ajouter à sa garde-robe quelque pièce de son
goût , tous les enfans du village étaient à
ses trousses pendant plusieurs jours. D'un
autre côté lui faire prendre mesure par un
tailleur et lui apporter ses habits comme à
un écolier, ce serait probablement l'offen-
ser. Dans cette perplexité il consulta miss
Bertram et la pria d'être médiatrice de
cette grande affaire. Elle lui répondit qu'elle
n'entendait rien à surveiller la garde-robe
d'un homme, mais que rien n'était plus
facile que d'arranger celle de M. Sampson.

— A Ellangowan, dit-elle, lorsque mon
pauvre père voulait renouveller quelque
pièce de l'habillement de Dominie , un domestique s'introduisait dans sa chambre
pendant la nuit ; il emportait le vieux vêtement , laissait le neuf à sa place et jamais Sampson n'a paru s'apercevoir de ce
changement.

Mac-Morlan se procura donc un tailleur
habile qui après avoir attentivement me-
suré des yeux Dominie , se chargea de lui
faire deux habits complets , l'un noir, l'au

tre œil de corbeau, qui lui siéraient aussi
bien qu'il était possible à un homme si mal
bâti (ce sont les expressions du tailleur).
Lorsqu'il eut accompli sa tâche, Mac-Morlan résolut judicieusement de n'accomplir
son dessein que par degrés; il commença
par lui enlever la partie la plus impor-
tante de son vêtement et y substitua la
neuve à la place; ayant parfaitement réussi
on continua toutes les nuits cet échange,
jusqu'à ce que la métamorphose fut com-
plette. Alors Dominie parut embarrassé,
et se considéra tout étonné, comme s'il remarquait quelque changement dans son extérieur; sa physionomie exprimait le doute; tantôt il portait ses regards sur le pan
de son habit, tantôt sur les genoux de ses
culottes, parraissant étonné de ne plus
retrouver quelque tache antique, ou un
rapiécetage en fil bleu sur un fond noir,
qui ressemblait assez à une broderie. On
avait soin alors de détourner son attention
sur un autre objet, jusqu'à ce que avec
le temps ses habits eussent pris la forme
de leur moule. La seule remarque qu'il ait

jamais

jamais faite, c'est que l'air de Kippletringan était favorable aux vêtements, puis-
qu'il lui paraissaient aussi neufs que la
première fois qu'il les mit, le jour qu'il
monta en chaire pour prendre ses licences.

Lorsqu'il apprit la proposition du colonel Mannering, il regarda miss Bertram
avec inquiétude, comme s'il craignait que
ce projet n'exigeât leur séparation; mais
M. Mac-Morlan s'étant hâté de lui apprendre qu'elle demeurerait aussi quelque
temps à Woodbourne, il se frotta ses
grandes mains, et fit une bruyante exclamation comme celle de l'Afrite dans le
conte du Calife Vathek. Après cette explosion extraordinaire de contentement, il reprit son apathie ordinaire.

Il fut décidé que M. et Mme Mac-Morlan iraient s'établir à Woodbourne quelques
jours avant l'arrivée de Mannering, tant
pour mettre tout en ordre, que pour rendre le déplacement moins pénible à miss
Bertram. Ils vinrent donc prendre posses-
sion de la maison au commencement du
mois de décembre.

II. 5

CHAPITRE V.

Un génie gigantesque, une bibliothèque vivante.
BOSWEL. *Vie de Johnson*.

LE jour étant venu, où le colonel et miss Julie étaient attendus à Woodbourne, et l'heure approchant, les personnes qui se trouvaient dans la maison avaient chacune leurs sujets particuliers d'inquiétude. Mac-Morlan désirait naturellement s'attirer la protection et la confiance d'un homme du rang et de la fortune de Mannering. La connaissance qu'il avait du cœur humain lui avait appris que Mannering, quoique généreux et bienveillant, aimait dans l'exécution de ses ordres la plus minutieuse exactitude. Il parcourut depuis la cave jusqu'au grenier pour s'assurer si chaque chose était arrangée selon les désirs et les instructions du Colonel. Mistress Mac-Morlan, circonscrite dans un cercle plus étroit, veillait à ce que tout fut dans le plus grand ordre dans la salle à manger, l'antichambre, et

la cuisine. Elle craignait seulement que son
dîner ne donnât pas une excellente opinion
de son talent. L'on vit même l'impassible
Dominie regarder deux fois à la fenêtre,
et s'écrier deux fois : « Qui peut donc ainsi
les retarder ? » Lucy la plus inquiète de
tous avait aussi ses idées mélancoliques :
elle se voyait à la charge d'étrangers, dont
elle ne connaissait pas encore le caractère,
quoiqu'elle n'eût qu'à s'en louer jusqu'à
présent. Aussi les moments de l'attente
étaient pénibles.

Enfin le bruit des roues et des chevaux
se fit entendre. Les domestiques qui avaient
précédé leurs maîtres coururent pour les
recevoir, avec une importance et un em-
pressement, qui avaient quelque chose
d'alarmant pour Lucy, qui ne connaissait pas les usages de la société ni de ce
qu'on appelle le grand monde. Mac-Morlan
fut les recevoir à la porte et les introdui-
sit dans le salon.

Mannering qui avait fait la route à
cheval, selon sa coutume, entra en donnant le bras à sa fille. Elle était d'une

taille moyenne, presque petite, mais svelte
et élégante; ses yeux noirs et perçans, et
ses beaux cheveux couleur de jai, don-
naient à ses traits séduisants une expression
de vivacité et de finesse, où l'on remarquait un peu de hauteur, une idée de timidité, un penchant à la coquetterie, et
une certaine propension à la malignité. « Je
ne l'aimerai point, » dit Lucy Bertram au
premier coup-d'œil; « je crois que je l'aimerai, » se dit-elle au second.

Miss Mannering était couverte de four-
rures pour se garantir de la rigueur de la
saison; le colonel était enveloppé dans un
grand manteau militaire. Il salua mistress
Mac-Morlan, à qui sa fille fit une révérence
à la mode, pas assez profonde pour la fatiguer. Son père la conduisit vers miss
Bertram, dont il prit la main avec une
bonté et une affection paternelle, et il dit :
« Julie, voici la jeune personne que nos
bons amis auront sans doute engagée à
honorer notre maison d'une longue visite;
vous comblerez mes désirs, si vous rendez
Woodbourne aussi agréable à miss Ber-

tram, que le fut pour moi Ellangowan la
première fois que je le visitai.

Julie salua sa nouvelle amie en lui prenant affectueusement la main. Mannering
tourna les yeux sur Dominie, qui depuis
qu'il était entré dans le salon se morfon-
dait en saluts, en retirant le pied en arrière
et inclinant le dos, comme un automate
qui répète le même mouvement jusqu'à ce
qu'il soit arrêté par l'artiste qui le fait
mouvoir. — Mon bon ami M. Sampson,
dit Mannering en le présentant à sa fille,
tandis qu'il la fixait avec un œil sévère pour
réprimer le rire qu'il voyait déjà sur ses
lèvres et qu'il ne pouvait lui-même conte-
nir. — Julie, monsieur se charge du soin
de ma bibliothèque et par l'étendue de ses
connaissances, il sera pour moi un ami
précieux.

— Nous aurons beaucoup d'obligations
à monsieur, et pour donner une tournure
digne d'un chapelain à mes remercîments,
je n'oublierai jamais la position extraordinaire qu'il a bien voulu nous montrer.
Miss Bertram, ajouta-t-elle vivement en

5.

voyant que son père commençait à froncer le sourcil, vous me permettrez de passer un moment dans ma chambre avant le dîner.

A ces mots la compagnie se dispersa et Dominie qui ne concevait pas qu'on dût s'habiller ou se déshabiller, excepté pour se lever ou se coucher, resta seul occupé à résoudre un problème de mathématiques, jusqu'à ce que tout le monde fût de nouveau rassemblé pour se rendre dans la salle à manger.

Le soir Mannering saisit l'occasion d'avoir une minute d'entretien avec sa fille.

—— Que pensez-vous de nos hôtes, Julie ?

—— Oh ! Miss Bertram est accomplie ; mais cet original.... qui pourrait le regarder sans rire ?

—— Tant qu'il sera chez moi, j'espère qu'on s'en abstiendra.

—— Mais, mon papa, croyez-vous que nos domestiques pourront conserver leur sérieux ?

—— Ils n'ont qu'à quitter ma livrée et rire alors à gorge déployée. M. Sampson est un homme que j'estime autant pour la simplicité que pour la générosité de son caractère.

— Oh ! pour sa générosité, j'en suis bien convaincue, dit la malicieuse miss, car il ne peut porter une cuillerée de soupe à sa bouche sans en faire part à ses voisins·

— Julie, vous êtes incorrigible ; mais rappelez-vous que j'attends désormais que votre gaîté sera si retenue, qu'elle n'offensera ni ce digne homme, ni miss Bertram qui s'en apercevrait plutôt que lui-même. Allons, ma chère enfant, bonne nuit, et souvenez-vous que quoique M. Sampson n'ait pas sacrifié aux grâces, il y a dans ce monde des choses bien plus ridicules que la distraction ou la bonhommie.

Un ou deux jours après M. et Mme Mac-Morlan quittèrent Woodbourne, en prenant congé de leurs anciens hôtes de la manière la plus amicale. Chacun fut bientôt établi dans sa nouvelle demeure ; les jeunes personnes s'occupaient ensemble de leurs amusements et de leurs études. Le colonel fut agréablement surpris de trouver que Miss Bertram connaissait bien le fran-

çais et l'italien , grâce aux soins de Dominie Sampson, dont les travaux silencieux
s'étendaient sur les langues vivantes comme
sur les langues mortes. Quant à la musique
elle n'en savait rien ou fort peu de chose ;
mais sa nouvelle amie lui en donna des leçons , et Lucy en échange lui apprit à monter à cheval, et à braver les rigueurs de la
saison. Mannering contribuait à leur délas-
sement par des lectures agréables et ins-
tructives ; et comme il lisait avec beaucoup
de chaleur et de goût , les soirées d'hyver
s'écoulaient rapidement.

Plusieurs familles du voisinage voulurent
partager les agrémens de cette société, elles
vinrent rendre visite au colonel, et il put
choisir parmi elles , celles qui convenaient-
le mieux à ses habitudes. Charles Hazlewood eut une place distinguée dans son
amitié, ses visites étaient fréquentes et elles
avaient l'approbation de ses parents , car,
disaient-ils, des soins assidus peuvent plaire
à la belle miss Mannering et sa fortune
indienne n'est pas à mépriser. Eblouis par
cet appât, ils fermèrent les yeux sur le

danger qu'ils avaient autrefois redouté , que l'imagination ardente de leur fils ne s'enflammât pour Lucy Bertram, fille sans bien , n'ayant d'autre mérite qu'une jolie figure, une bonne naissance et un aimable caractère, Mannering fut plus prudent ; il se considérait comme le tuteur de miss Bertram , et sans s'alarmer de ses entrevues avec un jeune homme, pour qui elle etait faite sous tous les rapports excepté du côté de la fortune, il prit les précautions nécessaires pour prévenir entr'eux des liaisons plus sérieuses, jusqu'à ce que le jeune homme eût connu davantage le monde et qu'il eut atteint un âge , où il put juger avec plus de prudence d'un affaire qui intéressait de si près son bonheur

Tandis que la société de Woodbourne variait ainsi ses amusements , Dominie Sampson était occupé tout entier , corps et ame à l'arrangement de la bibliothèque du défunt évêque , qui était arrivée par mer de Liverpool et transportée du port où on l'avait débarquée, sur trente ou quarante charriots. La joie de Dominie fut au

dessus de toute idée, lorsqu'il vit les énormes caisses qui contenaient les livres, et
d'où il devait les tirer pour les placer sur,
les rayons. Il fit la grimace d'un ogre,
agita ses deux bras comme les ailes d'un
moulin à vent, et s'écria *Prodigieux*, jusqu'à faire retentir toute la maison. « Jamais,
disait-il, il n'avait vu tant de livres réunis ;
excepté dans la bibliothèque du collége. »
La gloire d'être promu à la dignité de con-
servateur de cette immense collection, l'é-
levait dans son opinion presque au rang
du bibliothécaire de l'académie, qu'il regardait comme l'homme le plus grand et
le plus heureux de la terre. Son enthousiasme allait toujours croissant, à mesure
qu'il feuilletait à la hâte quelques uns de
ces nombreux volumes. Il est vrai que s'il
lui tombait entre les mains quelque ouvrage de belles-lettres, poèmes, mé-
moires, pièces de théâtre, il les rejetait
avec dédain, en les censurant par un
fi ou *frivole* ; mais la plus grande partie
et surtout les plus gros étaient d'un
genre bien différent. Le feu prélat était un

ancien théologien très-profond ; il avait chargé les rayons de sa bibliothèque de volumes qui déployaient les antiques attributs d'une vénérable vétusté, tels que les décrit un de nos poètes modernes.

Des ais doublés de peau forment la reliûre
De vieux bouquins poudreux , qui dans leurcouverture
Pressés par une agraffe enferment des feuillets
Inconnus de nos jours aux mortels indiscrets ;
D'ornemens en couleurs les pages sont remplies,
De gothiques dessins les marges embellies ,
Et sur leur large dos l'on aperçoit encor
Les débris mutilés de leurs titres en or.

Livres de théologie et de controverse , commentaires , polyglottes , saints-pères et sermons dont chacun fournirait la matière de dix discours d'aujourd'hui , livres de sciences anciens et modernes , auteurs classiques dans leurs plus belles et plus rares éditions ; telle était la bibliothèque du vénérable évêque que Dominic Sampson dévorait des yeux. Il en entreprit le catalogue ; qu'il écrivit de sa plus belle écriture , mettant autant de soin à former chaque lettre qu'un amant qui écrit à sa maîtresse

le jour de St. Valentin ; et il plaçait chaque
livre sur le rayon qui lui était destiné, avec
autant de respect et de précaution qu'une
dame qui touche un antique vase de por-
celaine. Malgré son zèle, ses travaux avançaient lentement. Souvent en montant l'é-
chelle pour placer un volume, il lui arrivait de l'ouvrir, et s'il tombait sur un passage intéressant, il restait dans cette pos-
ture incommode, enseveli dans sa lecture,
jusqu'à ce qu'un domestique vint le tirer
par l'habit pour l'avertir que le dîner était
servi. Il descendait alors dans la salle à
manger, bourrait son vaste gosier de bouchées de trois pouces, répondait au hasard
oui ou *non* aux questions qu'on lui adressait
et retournait à la bibliothèque dès que la
nappe était enlevée.

Les jours s'écoulant si heureusement,
nous laisserons les principaux personnages
de notre histoire, dans une situation agréable pour eux, mais sans intérêt pour le
lecteur, et nous nous occuperons maintenant d'une personne que nous n'avons fait
que nommer, et qui mérite toute l'attention
qu'inspirent l'incertitude et le malheur.

CHAPITRE VI.

C'est en vain que l'on se prévaut
De son rang et de sa noblesse,
Du même trait, quand il nous blesse ;
Cupidon nous met de niveau.

DEMOUSTIER.

V. BROWN (je ne puis me résoudre à écrire dans toute sa longueur ce nom trois fois malheureux) avait été dès son enfance le jouet des caprices de la fortune ; mais la nature l'avait doué de cette flexibilité d'esprit, qui s'élève à mesure qu'il est comprimé. Il était vigoureux, actif et d'une taille avantageuse, et quoique ses traits ne fussent point réguliers, ils avaient une expression d'intelligence et de bonne humeur qui le rendait encore plus intéressant surtout lorsqu'il parlait ou qu'il était animé : ses manières franches et aisées annonçaient la profession militaire qu'il avait embrassée par goût, et où il était

II.   6

parvenu au grade de capitaine ; le colonel
qui avait remplacé Mannering ayant ré-
paré l'injustice que les préventions de ce
gentilhomme lui avaient fait éprouver.
Mais cette promotion et sa délivrance
n'eurent lieu qu'après le départ de Mannering. Brown le suivit quelque temps après,
son régiment ayant été rappelé en Angleterre. Il s'informa de suite de son ancien
colonel, et ayant appris qu'il s'était dirigé vers le nord, il le suivit dans le dessein de revoir Julie. Il s'était persuadé
qu'il ne devait garder aucunes mesures
avec son père ; car ignorant les préjugés
dont on l'avait imbu, il le considérait comme un noble oppresseur qui avait usé de
son pouvoir pour nuire à son avancement
et qui l'avait provoqué à un duel sans
d'autres raisons que des soins agréés par
une charmante personne, et approuvés
par sa mère. Il résolut donc de ne tenir
compte que du refus de la demoiselle ;
persuadé que sa blessure et sa prison
étaient des injures qui le dispensaient
d'user de plus grands égards envers le

colonel. Nos lecteurs savent déja comment
son plan avait réussi, lorsque ses visites
nocturnes furent découvertes par M.
Mervyn.

Après ce fâcheux contre-temps, le capitaine Brown crut devoir s'absenter de
l'auberge où il résidait sous le nom de
Dawson, de sorte que tous les efforts de
Mannering pour le découvrir furent sans
succès. Il résolut de ne pas se désister de
son entreprise, tant que Julie lui laissé-
rait un rayon d'espérance. Elle n'avait pu
cacher qu'elle partageait ses tendres sentiments ; aussi persévéra-t-il dans cette
résolution avec l'enthousiasme d'un amour
romanesque. Le lecteur verra avec plaisir
sa pensée toute entière dans une lettre
qu'il écrivait à son confident et son ami,
le capitaine Delaserre, gentilhomme suisse
qui avait une compagnie dans son régiment.

EXTRAIT.

« Écrivez-moi, mon cher Delaserre ;
souvenez-vous que ce n'est que par votre canal

que je puis recevoir des nouvelles du régiment. Il me tarde de savoir ce qui s'est
passé à la cour martiale d'Ayre et quelle
majorité a eu Elliot ; ce que font nos
recruteurs, et si nos jeunes officiers se
trouvent bien de l'ordinaire. Je ne vous
demande rien de notre lieutenant-colonel;
je l'ai vu en passant à Nottingham et je
l'ai trouvé heureux au sein de ma famille.
Ah ! Philippe, quel bonheur pour nous,
pauvres diables, si nous pouvons jouir
de quelques années de repos entre les
camps et le tombeau ? si nous pouvons
échapper au plomb, au fer et à notre
rude manière de vivre ! Un vieux soldat
est toujours aimé et respecté ; s'il a parfois un peu de brusquerie, on la lui pardonne aisément. Qu'un avocat, un méde-
cin, un ecclésiastique se plaignent de leur
mauvaise fortune ou de leur peu d'avancement, aussitôt cent bouches s'ouvrent
pour en accuser leur incapacité ; mais
que le plus stupide vétéran fasse pour la
troisième fois le récit d'un siège ou d'une
bataille ou même raconte l'histoire la plus

niaise, il est écouté avec intérêt et on le
plaint, lorsque secouant ses cheveux blancs
il s'afflige de ce que de jeunes étourdis lui
ont été préférés. Vous et moi, Delaserre,
étrangers tous deux, (car quand même je
pourrais prouver que je suis Écossais,
l'anglais me reconnaîtrait-il pour son com-
patriote ?) nous pouvons nous flatter que
ce n'est qu'à notre bravoure que nous devons notre avancement, et que sans fortune et sans protection nous l'avons gagné
à la pointe de l'épée. Il faut avouer que
les anglais sont un peuple fort sage ; tandis que se glorifiant sans cesse ils affectent
un grand mépris pour les autres nations ;
ils nous laissent des portes de derrière par
lesquelles nous autres étrangers sommes
admis à partager leurs avantages. Ils res-
semblent à un aubergiste qui vante le bon
goût d'une viande. dont il veut servir des
portions à toute la compagnie. Enfin vous
que l'orgueil de votre famille, et moi mon
malheureux destin, ont réduit à devenir
des officiers de fortune, nous pouvons nous
consoler en pensant que si nous n'avan-

6.

cons pas, ce n'est pas que la route nous soit
fermée, mais c'est que l'argent nous man-
que pour acheter de nouveaux grades. Si
donc vous pouvez engager le petit Wei-
schel à devenir un des nôtres, pour l'amour
du Ciel, qu'il achète une commission
d'enseigne, qu'il soit prudent, exact à
remplir ses devoirs, et qu'il abandonne
au sort son avancement.

« Je crois que vous mourez d'envie de
connaître la fin de mon roman. Je vous ai
dit que j'avois jugé prudent de faire une
tournée à pied dans les montagnes du
Westmoreland avec Dudley, jeune artiste
anglais avec qui j'ai fait connaissance. C'est
un aimable compagnon qui cause agréablement, dessine bien, peint délicatement, et
joue on ne peut mieux de la flûte, et quoique ce soit un vrai prodige il est cependant modeste et sans prétention. A notre
retour de ce petit voyage, j'appris que
l'ennemi était venu faire une reconnaissance. La barque de M. Mervyn avait
traversé le lac, me dit mon hôte, portant
l'écuyer avec un de ses amis.

— Quelle espèce d'homme est ce dernier ? lui dis-je.

— C'est un officier que l'on appelait colonel : l'écuyer Mervyn me questionna aussi sévèrement que si j'étais aux assises ; je lui répondis que j'avais un hôte nommé Dawson (je vous ai dit que c'était mon nom supposé) ; je ne lui ai point parlé de vos promenades sur le lac ; non, non, je sais fort bien ce qu'il faut taire. Il a voulu savoir le nom de tous mes voyageurs, murmurant comme s'il avait peur qu'ils emportassent sa maison, Joe Hodges ne s'effraie pas de si peu de chose.

« Vous conviendrez aisément que je n'eus rien de mieux à faire que de payer le mémoire de ce brave homme, à moins que de le choisir pour mon confident, ce dont je n'avais pas l'intention. D'ailleurs, je venais d'apprendre que notre ci-devant colonel était en pleine retraite, emmenant en Ecosse la pauvre Julie. J'ai su de ceux qui transportent son bagage, qu'il avait pris son quartier d'hyver dans un château apppelé Woodbourne, dans le comté de...

en Ecosse. Comme il doit être maintenant
sur ses gardes, je le laisse entrer dans ses
retranchements sans lui donner une nouvelle alarme. Mais ensuite, mon cher co_
lonel, à qui j'ai tant d'obligation, prenez
garde à vous?

« Je vous proteste, Delaserre, que je
crois souvent que l'esprit de contradiction
entre pour quelque chose dans l'ardeur de
mes poursuites ; je préférerais forcer cet
homme vain et dédaigneux à la nécessité
d'appeler sa fille mistress Brown, que de
posséder sa main avec son consentement,
quand même le roi m'autoriserait à prendre le nom et les armes de Mannering.
Une seule considération m'arrête : Julie
est jeune et romanesque ; je ne voudrais
pas l'engager dans une démarche dont elle
pourrait se repentir dans un âge plus avancé.
Non, je ne voudrais pas qu'elle pût un
jour, quand ce ne serait que d'un seul de
ses regards, me reprocher la ruine de sa
fortune ; encore moins qu'elle eût quelque
raison de dire, comme tant d'autres l'ont
dit plus d'une fois, que si je lui avais donné

le temps de la réflexion, elle eût agi plus
sagement. Non, Delaserre, cela ne peut
être, cette idée est trop pénible pour moi.
Je suis persuadé que dans la situation où
se trouve Julie, elle ne peut connaître l'é-
tendue du sacrifice qu'elle me ferait. Elle
ne connait le malheur que de nom. Si son
imagination lui représente une chaumière
où elle se trouve heureuse avec son amant,
c'est une chaumière telle que les poètes la
dépeignent ou telle qu'on en voit dans les
parcs d'un gentilhomme de 12000 liv. sterling de revenu. Elle ne pourrait s'accou-
tumer aux véritables privations d'une chaumière de la Suisse, dont nous avons si souvent parlé, et ne pourrait supporter les
difficultés que nous aurions à surmonter
avant d'y parvenir. Je dois y réfléchir mû-
rement. Quoique la beauté de Julie et sa
tendre aménité aient fait sur mon cœur
une impression ineffaçable, je veux qu'elle
connaisse bien le prix des avantages qu'elle
perdrait, avant de me les sacrifier.

« Est-ce une trop grande présomption,
Delaserre, que de croire que cette épreuve

sera favorable à mes vœux? Est-ce une
trop grande vanité que d'imaginer que
mes qualités personnelles, ma modique
fortune, et ma résolution de consacrer
ma vie à son bonheur, la dédommageront
de tout ce qu'elle abandonnera pour moi?
La parure, les scènes du grand monde,
les plaisirs qu'elle y goûtera, auront-ils
plus d'attraits pour elle que la perspective
du bonheur domestique et d'une affection
mutuelle et inaltérable? Je ne dis rien de
son père, on trouve en lui un mélange si
étrange de bonnes et de mauvaises qualités
et les premières sont tellement neutralisées
par les dernières que ce qu'elle regretterait
en lui, serait, je crois fort au-dessous de
ce qu'elle voudrait fuir, ainsi la séparation
du père et de la fille ne serait qu'un léger
obstacle. Néanmoins je conserve ma
tranquillité d'esprit; j'ai trop rencontré
de difficultés dans ma vie pour être con-
fiant dans le succès, et je les ai souvent
surmontées trop heureusement pour me de-
sespérer.

« Je voudrais que vous vissiez ce pays :

il vous enchanterait. Il me rappelle les descriptions séduisantes que vous me faites de votre patrie. Il a pour moi tout le charme de la nouveauté. Quoique né dans les montagnes de l'Ecosse, comme on me l'a souvent assuré, je n'en ai qu'une idée confuse. Ma mémoire a conservé un léger souvenir de l'étonnement que j'éprouvai à l'aspect de la vaste plaine de la Zélande, et cette surprise me confirme dans l'idée que les montagnes et les rochers me furent familiers dès mon enfance; car cette sensation ne put être causée que par le contraste qui dut frapper mon imagination enfantine, lorsqu'elle ne trouva plus les objets sur lesquels elle aimait à se reposer. Je me souviens que lorsque nous traversions ce défilé fameux du pays de Mysore dans l'Inde, nos camarades ne s'étonnaient que de la hauteur extraordinaire de ces monts et de la profondeur de ces vallées, tandis que les sensations délicieuses que nous éprouvions, vous, Caméron et moi, semblaient prendre leur source dans les souvenirs de notre jeunesse. Malgré mon éducation holla ndaise, la vue des rochers réjouit mon cœur et le fracas d'un torrent qui se précipite me semble une des chansons dont on berçait mon enfance. Aussi ce pays de lacs et de montagnes a fait sur mon ame une impression des plus vives, et si quelque chose trouble les plaisirs que je goûte en les visitant, c'est que vos devoirs vous empêchent de les partager. Je n'ai pas réussi dans les dessins que j'ai essayés ; Dudley au contraire dessine parfaitement ; sa touche rapide semble tenir de la magie ; tandis qu'en travaillant péniblement, je ne puis faire qu'une fade caricature. Alors je reprends mon flageolet, car de tous les beaux-arts, la musique est le seul qui ait daigné me sourire.

« Saviez-vous que le colonel Mannering était dessinateur ? Je ne le crois pas ; car il était trop vain pour developper ses talents devant un subalterne. Cependant il dessine supérieurement. Depuis qu'avec Julie il a quitté Mervyn-hall, Dudley y a été appelé, l'Écuyer désirant avoir une suite de dessins dont Mannering a fait les quatre

tre premiers, et qui ne ne fut interrompue
que par son départ précipité. Dudley dit
qu'ils sont faits de main de maître et qu'au
bas de chacun se trouve une description
en vers. « Quoi! m'allez-vous dire, Saül
est-il parmi les prophètes? Le colonel
Mannering poëte? » Que cet homme ca-
che avec autant de soin des talents que les
autres aiment tant à déployer! comme il
était fier et insociable avec nous! comme
sa réserve était dédaigneuse dans nos con-
versations qu'il aurait pu rendre si intéressantes! Et son attachement pour cet
indigne Archer, uniquement parce qu'il
était frère du Vicomte Archerfield, un
pauvre pair d'Écosse! Je crois que si Archer avait survécu plus long-temps aux
blessures qu'il reçut dans l'affaire de Cud-
dyboram, il aurait pu jeter quelque jour
sur le caractère de cet homme vraiment
singulier. Il me répéta plusieurs fois: « J'ai
quelque chose à vous dire qui changera la
mauvaise opinion que vous avez du colonel. » Mais la mort ne lui laissa pas le temps
de me donner cette explication.

II.   7

Je me propose de pénétrer plus avant
dans l'intérieur de ce beau pays, pendant
que le froid est sec et vif ; Dudley presque aussi bon marcheur que moi m'ac-
compagnera dans une partie de la route.
Nous nous séparerons sur les frontières
du Cumberland, d'ou il retournera à Lon-
dres, dans sa chambre au quatrième éta-
ge, dans Marybone-Street, pour se livrer à
ce qu'il appelle la partie commerciale de sa
profession. « L'artiste, dit-il a deux manières d'exister ; celle où guidée par un
noble enthousiasme, sa brûlante imagination crée les sujets des dessins qui doivent
enrichir son porte-feuille, et celle où il
est obligé d'ouvrir ce même porte-feuille
à l'indifférence fatigante et à la critique
envieuse. Pendant l'été aussi libre que l'indien sauvage , je jouis sans contrainte des
plus belles scènes de la nature ; tandis que
l'hyver, retiré, enfermé dans mon taudis ,
je suis condamné ainsi qu'un vrai forçat, à
supporter la mauvaise humeur , les fan-
taisies , les caprices des autres. » Je lui ai
promis de lui faire faire votre connaissance,

Delaserre ; vous serez aussi charmé de ses talents qu'il le sera de votre enthousiasme helvétique pour les montagnes et les cataractes.

« Lorsque Dudley m'aura quitté, je pénétrerai facilement en Ecosse, en traversant un pays sauvage au nord du Cumberland. Je suivrai cette route pour donner le temps au colonel Mannering de dresser son camp, avant que j'aille reconnaître sa position. Adieu, Delaserre, je présume que jusqu'à mon arrivée en Ecosse, je n'aurai pas d'occasion de vous écrire. »

CHAPITRE VII.

Dans la gaîté, dans l'alégress ,
On s'achemine avec vîtesse,
Tandis que la sombre douleur
Nous fait marcher avec lenteur.

Contes d'hyver.

Que le lecteur se représente une belle et fraîche matinée du mois de novembre, un vaste horizon borné par une immense

chaîne de montagnes sur lesquelles le Skid-
daw et le Sadleback élèvent leur tête sour-
cilleuse ; un sentier si légèrement tracé ,
qu'il n'est qu'une bande de verdure aperçue
dans le lointain , mais qui lorsqu'on s'en
approche est à peine distincte de la bruyère plus foncée qui s'étend alentour ; telle
est la route que suit l'objet de notre narration. Sa démarche ferme , son port libre,
son air militaire s'allient parfaitement
avec ses membres bien proportionnés et
sa taille de près de six pieds. Ses vêtemens
simples et unis étaient loin d'annoncer son
rang. On pouvait le prendre pour un homme riche qui voyage pour son plaisir , ou
pour un artisan qui a mis son plus bel habit.
Rien de plus léger que son bagage : un volume de Shakespear dans une poche , dans
l'autre un petit paquet pour changer de
linge , un bâton de chêne à la main , voilà
l'équipage dans lequel nous le présentons
à nos lecteurs.

Brown venait de se séparer dans la matinée de son ami Dudley , et commençait
son voyage solitaire vers l'Ecosse.

Le départ du compagnon qu'il avait accoutumé le rendit mélancolique pendant les deux ou trois premiers milles. Mais sa gaîté naturelle ranimée par la fraîcheur, la pureté de l'air et par l'exercice reprit le dessus. Il sifflait en marchant, non qu'il fut dépourvu de pensées, mais parce que dans cette solitude il ne retrouvait pas d'autre moyen de les exprimer. Il avait toujours quelques bons mots à adresser aux paysans qu'il rencontrait et les hardis Cumbriens en riaient et disaient : « C'est un garçon de bonne humeur ; Dieu le conduise ! » La fille qui allait au marché se retournait plus d'une fois pour regarder ses formes athlétiques et sa démarche franche et aisée. Un basset, son compagnon constant, semblait rivaliser de gaîté avec lui ; il faisait mille détours dans les bruyères et revenait ensuite caresser son maître comme pour lui dire qu'il partageait les plaisirs de ce voyage. Le docteur Johnson a dit que dans le cours de la vie, il est peu de moments plus doux que ceux où l'on est emporté avec rapidité par une chaise de poste ; mais ce-

7.

lui qui dans sa jeunesse a goûté le plaisir de voyager à pied, libre de tous soucis, par un beau temps et dans une contrée intéressante, sera d'un avis contraire à ce grand moraliste.

Le désir de Brown en choisissant ce sentier écarté qui conduit en Ecosse à travers les bruyères arides de l'est du Cumberland, avait été de visiter les ruines de la célèbre muraille romaine, dont les vestiges sont remarquables dans cette direction. Son éducation avait été imparfaite; mais ni les occupations de son état, ni les plaisirs de la jeunesse, ni l'incertitude de sa position, ne l'avaient détourné du soin de cultiver son esprit. —— « Voilà donc ce mur des Romains, dit-il, en gravissant une hauteur d'où l'on découvrait l'étendue de ce fameux ouvrage de l'antiquité. Quel peuple, celui dont les travaux, même à l'extrémité de leur empire, embrassaient un tel espace! quelles énormes proportions! Dans les siècles futurs, lorsque l'art de la guerre suivra une nouvelle route, combien peu restera-t-il de traces des ouvrages de Vau-

ban et de Cohorn , tandis que les restes
étonnans de ce peuple exciteront encore
l'admiration de la postérité! Leurs fortifications, leurs aqueducs, leurs cirques, leurs
fontaines , tous leurs travaux publics portent le caractère grave , majestueux et durable de leur langue ; tandis que nos cons-
tructions modernes, comme nos langues
vivantes ne semblent formées que de leurs
débris. » En moralisant ainsi, il se souvint
qu'il était à jeun ; il dirigea ses pas vers
une petite auberge pour y déjeuner.

Ce cabaret, car ce n'était pas autre chose,
était situé au fond d'une vallée , où coulait
un petit ruisseau. Un gros frêne l'ombra-
geait et soutenait un bâtiment en terre qui
servait d'écurie, au dedans de laquelle on
voyait un cheval sellé occupé à manger son
avoine. Les chaumières de cette partie du
Cumberland sont aussi grossièrement cons-
truites que celles de l'Écosse. L'extérieur
n'engageait pas beaucoup à visiter l'intérieur,
malgré l'ostentation de l'enseigne où l'on
voyait un pot d'aile se versant de lui-même
dans un verre , et un griffonnage hiérogly-

phique qui semblaient vouloir dire : *Bon logis pour les hommes et les chevaux.* Brown n'était pas un voyageur difficile, il s'arrêta et entra dans le cabaret.

Le premier objet qui frappa sa vue dans la cuisine fut un homme grand, robuste et vigoureux, vêtu d'une redingotte grise ; c'était le maître du cheval qui était dans l'écurie. Il était occupé à couper par larges tranches un morceau de bœuf froid, et jetait de temps en temps un coup-d'œil par la fenêtre, pour s'assurer si son cheval faisait honneur à sa provende. Un grand pot de bière flanquait son plat de viande, et il s'en versait par intervalles de pleines rasades. La maîtresse de la maison faisait cuire son pain. Le feu, selon la coutume de ce pays, était allumé sur une large pierre, au milieu d'une immense cheminée. Deux bancs étaient placés de chaque côté. Sur l'un des deux était assise une femme remarquable par sa grande taille, enveloppée d'un manteau rouge et coiffée d'un bonnet de paysan ; son extérieur était celui d'une mendiante. Elle fumait dans une pipe noire.

Brown ayant demandé à dîner, l'hôtesse essuya un bout de la table avec son tablier plein de farine, plaça devant lui une assiette de bois, un couteau et une fourchette, lui montra la pièce de bœuf, et l'invita à suivre l'exemple de M. Dinmont, en plaçant à son côté une cruche de bière. Brown s'empressa de faire honneur à tous les deux. Son voisin et lui furent trop occupés pendant quelque temps pour faire beaucoup d'attention l'un à l'autre autrement que par des signes de tête gracieux, toutes les fois qu'ils portaient le verre à la bouche. Enfin lorsque notre voyageur commença à satisfaire les besoins de son fidèle Wasp le fermier Ecossais, car tel était M. Dinmont, se trouva disposé à entamer la conversation.

— Vous avez un joli basset, monsieur; il doit être bon pour le gibier, s'il a été bien élevé, car c'est là le principal.

— Son éducation a été un peu négligée; sa meilleure qualité est d'être un compagnon agréable.

— Ah! monsieur, c'est bien dommage,

l'éducation d'une bête ne doit pas plus être négligée que celle d'un homme. J'ai six bassets chez moi sans compter les autres chiens. J'ai le vieux Pepper et la vieille Mustarde, le jeune Pepper et la jeune Mustarde, le petit Pepper et la petite Mustarde ; je les ai dressés avec beaucoup de soin, d'abord contre des mannequins, ensuite contre les furets et les belettes, puis contre les fouines et les blaireaux, et maintenant ils sont tellement aguerris qu'ils se jettent sur tout ce qu'ils voient.

— Je ne doute pas, monsieur, qu'ils ne soient parfaitement élevés ; mais pourtant de chiens, d'où vient que leurs noms sont si peu variés ?

— C'est pour distinguer leur race. Le duc lui-même a envoyé son garde-chasse Jamie Grieve à Charlies-hope, pour avoir un Pepper et une Mustarde de Dandie Dinmont ; nous chassâmes ensemble la fouine, oh ! c'était un luron....

— Le gibier doit être abondant chez vous ?

— Très-abondant ; il y a plus de lièvres

que de moutons dans ma ferme. Les poules d'eau, les perdrix y sont aussi abondantes que les pigeons dans un colombier. N'avez-vous jamais tué une poule d'eau ?

— Ma foi, je n'en ai jamais vu que dans le muséum de Keswick.

— Je vois à votre langage que vous êtes du sud. C'est extraordinaire que parmi les anglais qui viennent ici, il y en ait si peu qui aient vu des poules d'eau. Je vous dirai que.... Vous me semblez un aimable garçon, si vous voulez venir chez moi, chez Dandy Dinmont, à Charlies-hope, vous verrez une poule d'eau, vous la tuerez et vous la mangerez.

— M'en faire manger, c'est bien le meilleur moyen de m'en faire voir. Je me trouverais heureux, si le temps me permettait d'accepter votre invitation.

— Le temps, monsieur ; qui vous empêche de venir avec moi maintenant ? Comment voyagez-vous ?

— A pied : et si ce beau cheval vous appartient, il m'est impossible de vous suivre.

— Je crois bien que vous ne pouvez pas faire quatorze milles par heure. Mais vous pouvez venir coucher à Riccarton, où il y a une auberge, ou mieux, arrêtez-vous chez Jockey Grieve à Heuch, vous serez bien reçu. En passant je boirai un coup à la porte avec lui, et je le préviendrai de votre arrivée; ou attendez.... bonne femme, pouvez-vous prêter à monsieur le petit cheval de votre mari? je vous le renverrai demain par le bois de Waste, et par un de mes enfants.

Le pauvre animal n'avait que la peau sur les os, et de plus il se trouvait boiteux. — Ah! on ne peut s'en servir, mais venez toujours demain matin. Allons, bonne femme, il faut que je parte pour arriver à Liddel avant la nuit, car votre Waste a une assez mauvaise réputation, vous le savez?

— Fi! M. Dinmont, ce n'est pas bien à vous de donner un mauvais renom au pays. Je vous assure qu'on n'a dévalisé personne dans le bois de Waste depuis Sawney Culloch le colporteur; affaire qui fit

pendre

pendre Rowley Overdees et Jock Penny à Carlisle il y a deux ans. Il n'y a maintenant personne dans le Bewcastle qui voulût en faire autant ; il n'y a plus que d'honnêtes gens aujourd'hui.

— Tib, cela arrivera lorsque le diable sera aveugle, et il n'est pas encore borgne. Mais écoutez, bonne femme, j'ai été aux foires du Galloway et du Dumfrieshire, et même jusqu'à Carlisle ; je reviens aujourd'hui de celle de Staneshiebank, ainsi je pars.

— Vous avez été dans le Dumfrieshire et le Galloway, dit la vieille femme qui fumait au coin du feu et qui n'avait pas encore ouvert la bouche.

— Oui, brave femme, et j'y ai fait une bonne tournée.

— Connaissez-vous un château qu'on appelle Ellangowan ?

— Ellangowan, qui appartenait à M. Bertram ? je connais cet endroit. Le Lord est mort il y a environ quinze jours, à ce que j'ai appris.

— Mort ! dit la vieille femme quittant

II.   8

sa pipe en se levant, mort!.... en êtes-vous
sûr ?

— Ma foi, oui, cela a fait assez de bruit
Il est mort au moment où l'on allait ven_
dre son château et ses meubles. La vente
fut suspendue, et il y eut assez de monde
de désappointé. On dit qu'il était le dernier
rejeton d'une ancienne famille, il était re-
gretté car le bon sang devient chaque jour
plus rare en Ecosse.

— Il est mort ! dit la vieille en qui nos
lecteurs doivent déjà avoir reconnu Meg
Merrilies, il est mort!... nous somme
quittes. Vous dites qu'il est mort sans héritier ?

— Oui, bonne femme, et c'est pour
cette raison que le château a été vendu,
car on dit qu'on n'aurait pu le vendre, s'il
avait eu un héritier mâle.

— Vendu ! s'écria la bohémienne d'une
voix perçante, et qui a osé acheter Ellangowan, sans être du sang des Bertram ?
Qui peut dire que l'enfant ne reviendra pas
pour réclamer ses biens ? Qui a osé acheter les terres et le château d'Ellangowan ?

— Ma foi, c'est dit-on, un ancien greffier, on l'apelle Glossin, je crois...

— Glossin! Gibbie Glossin! lui que j'ai porté cent fois dans mes bras ; car sa mère n'était pas plus que moi ! il a osé acheter la baronie d'Ellangowan! Dieu nous protège.... nous vivons dans un monde singulier. Il est vrai que je lui ai souhaité du mal, mais jamais un pareil malheur... Misérable que je suis ! je ne puis y penser. Elle garda un moment le silence, mais en retenant le fermier qui après chaque question était prêt à partir ; cependant il s'arrêta en observant à quel point ses réponses excitaient son intérêt.

— On le verra, on l'entendra... la terre et la mer ne garderont pas le silence. Pourriez-vous me dire si le Shériff du comté est le même qu'il y avait, il y a quelques années ?

— Non, il occupe, dit-on, une autre place à Edimbourg ; mais bonsoir, bonne femme, il faut que je parte. Elle le suivit jusqu'à son cheval, et tandis qu'il serrait les sangles, arrangeait la valise, mettait la bride ; elle lui fit diverses questions sur la mort de M. Bertram, sur la situation présente de sa fille, sur laquelle l'honnête fermier ne put lui donner que bien peu de renseignements.

—— N'avez-vous jamais passé par un endroit qu'on appelle Derncleugh à un mille du château d'Ellangowan ?

—— Oui, bonne femme, c'est un endroit sauvage, dévasté : je l'ai vu en parcourant le pays avec quelqu'un qui voulait l'affermer.

—— C'était autrefois un lieu bien agréable, dit Meg en se parlant à elle-même n'y avez-vous pas remarqué un vieux saule couché par terre ? le tronc est abattu, mais la racine vit encore, et bientôt il s'en élèvera une branche qui couvrira le toît. J'ai travaillé bien des fois assise sous son ombrage.

—— Au diable la femme, avec ses saules, ses racines, et ses Ellangowans ! Voilà six sous pour acheter de l'eau-de-vie, au lieu de toutes vos vieilles histoires.

—— Grand-merci ; puisque vous avez répondu sans vous fâcher à toutes mes questions, je vais vous donner un bon avis; mais ne vous impatientez pas davantage·

Tib Mumps va venir vous présenter le coup de l'étrier, elle vous demandera si vous passez par la montagne de Willie, ou par les bruyères de Conscowthart, répondez-lui ce qu'il vous plaira, mais, ajouta-t-elle en parlant bas et avec emphase, prenez la route opposée à celle que vous lui aurez indiquée. Le fermier le lui promit en riant, et l'égyptienne se retira.

— Suivrez-vous son conseil ? lui dit Brown qui avait écouté attentivement cette conversation.

— Non pas certes ; je préférerais dire le chemin que je prendrai à Tib qu'à elle, quoique je ne lui accorde pas une grande confiance et je vous engage à ne pas passer la nuit ici.

Un moment après, Tib, l'hôtesse, vint lui offrir le coup de l'étrier et lui demanda comme l'avait prévu Meg, s'il passerait par la montagne ou par les bruyères. Il répondit qu'il suivrait le chemin des bruyères, et ayant dit adieu à Brown, il lui répéta qu'il l'attendait à Charlies-hope le lendemain matin au plus tard, et s'éloigna d'un pas rapide.   8.

CHAPITRE VIII.

.... Mais sur la graude route,
On n'attrappe jamais qu'un gibet ou des coups.
Contes d'hyver.

L'AVIS du bon fermier ne fut pas perdu pour Brown. Mais tandis qu'il payait sa dépense il ne put s'empêcher de jeter plusieurs fois les yeux sur Meg Merrilies. C'était la même figure de sorcière que lorsque nous l'avons introduite pour la première fois dans le château d'Ellangowan. Le temps avait fait grisonner sa chevelure noire, et ajouté des rides à ses traits sauvages ; mais sa taille était toujours droite et sa vivacité sans égale. On remarquait de cette femme comme des autres égyptiens, que sa vie active quoique non laborieuse avait donné à sa figure et à ses gestes un air de supériorité, de sorte que son attitude et ses mouvements avaient une aisance, une liberté et des manières pittoresques. Elle était debout vers la fenêtre du cabaret ; sa

tête, un peu penchée en arrière, faisait res-
sortir tout l'avantage de sa taille masculine;
dans cette position, le grand bonnet quⁱ
lui couvrait le visage ne l'empêchait pas
de considérer Brown avec une attention
extraordinaire. Chaque geste qu'il faisait,
chaque mot qu'il prononçait excitait en elle
un mouvement imperceptible de surprise.
Celui-ci de son côté était étonné de ne pouvoir regarder cette femme singulière sans
une certaine émotion. « Ai-je vu en songe
une figure semblable, se disait-il en lui-
même, ou rappelle-t-elle à mon souvenir
quelqu'une de ces figures étranges que j'ai
vues dans nos pagodes indiennes.»

Tandis qu'il faisait ces conjectures et
que l'hôtesse était occupée à lui changer
une demi-guinée, l'égyptienne fit tout-à-
coup deux grands pas vers lui; et saisit sa
main. Brown s'attendait qu'elle lui dît la
bonne aventure; mais elle semblait agitée
par d'autres sentiments.

— Au nom de Dieu, jeune homme,
dites-moi quel est votre nom et d'où vous
venez ?

— Mon nom est Brown, la mère, et je viens des Indes orientales.

—— Des Indes orientales! dit-elle en laissant tomber sa main avec un soupir, ce ne peut-être lui.... je suis une vieille folle. Chaque chose que je vois me paraît celle que je désire le plus. Mais les Indes orientales! Ce ne peut être lui.... qui que vous soyez, votre voix, vos traits me rappellent mon ancien temps. Adieu, hâtez-vous de vous mettre en route, et si vous rencontrez quelqu'un de nos gens, ne vous mêlez pas avec eux et ils ne vous feront aucun mal.

Brown qui venait de recevoir sa monnaie, lui donna un shelling, dit adieu à son hôtesse et se dirigeant par le même chemin que le fermier, il suivit gaîment les empreintes fraîches des pieds de son cheval Meg Merrilies le suivit des yeux pendant quelques instants: « Je le reverrai, se dit-elle, je retournerai aussi à Ellangowan; le lord n'est plus.... la mort paie toutes les dettes. Il avait été si brave homme autrefois! Le Shériff est parti, je puis me glisser dans les bois sans être aperçue. Que risqué-je que de me faire fouetter ? Au moins avant de mourir, je reverrai Ellangowan.

Brown marchait d'un pas rapide dans le sentier qui traverse les landes stériles appelées le Waste de Cumberland. Il laissa de côté une maison solitaire, vers laquelle se dirigeaient les traces du cavalier qui le précédait et qui un peu plus loin semblait avoir repris la même route. M. Dinmont y avait probablement fait une visite pour ses affaires ou pour son plaisir. « Je voudrais, pensa Brown que le bon fermier s'y fût arrêté assez pour me donner le temps de le rejoindre ; j'aurais bien désiré de lui faire quelques questions sur une route qui paraît devenir de plus en plus sauvage. »

En effet la nature avait imprimé à ce pays un caractère de désolation et d'horreur, comme pour séparer deux nations ennemies. Les montagnes ne sont ni hautes ni escarpées, mais l'on ne voit que mousses et bruyères. Les chaumières sont pauvres, chétives et éloignées les unes des autres. A peine voit-on autour d'elles un coin de terre cultivé ; mais quelques poulins, avec des entraves aux jambes de derrière, pour épargner les clôtures, indiquent que la seule ressource de ce pays misérable est l'éducation des chevaux. Le peuple a aussi des mœurs plus grossières, plus inhospitalières que dans toute autre partie du Cumberland, ce qui provient sans doute ou de ses habitudes sauvages ou de ses liaisons avec les vagabonds et les criminels, qui viennent chercher dans ce pays désert un refuge contre la justice. Les habitants de ces cantons étaient tellement un objet de méfiance et de crainte pour leurs voisins, qu'il existait, et peut-être existe-t-il encore, un réglement de la corporation de Newcastle qui défendait à tout maître de cette ville de prendre pour apprentif un homme né dans ces contrées. Un proverbe dit: *Quand on veut tuer un chien on dit qu'il est enragé*; on pourrait ajouter: donnez une mauvaise réputation à un homme ou à une classe d'hommes, ils finiront par la mériter. Brown en savait quelque chose; et la conversation entre Dinmont, l'hôtesse et la bohémienne avait

accru ses soupçons ; mais il était brave,
il n'avait rien qui put tenter les voleurs,
et il se flattait de traverser ce désert avant
la nuit. Il se trompa. La route fut plus
longue qu'il ne le croyait, et l'horison commençait à s'obscurcir lorsqu'il entra dans
les bruyères.

Marchant avec précaution, il suivait un
sentier qui était tantôt resserré par des
monticules de terre couverts de mousse,
tantôt coupé par des ravins profonds remp-
lis d'une boue limoneuse, tantôt emcom-
bré de gravier et de pierres entraînées par
les torrents qui descendaient des montagnes voisines. Il ne pouvait s'imaginer
comment un homme à cheval pouvait passer par un chemin si détestable; il apercevait cependant encore les traces du cheval, et croyait même en entendre le bruit
à peu de distance. Convaincu qu'il devait
gagner de vitesse sur M. Dinmont, il pressa
sa marche dans l'espoir de l'atteindre et
de profiter de la connaissance qu'il avait
du pays. Dans ce moment, son petit basset s'élança en avant, en aboyant de toutes
ses forces.

Du haut d'une petite éminence, Brown découvrit le sujet des alarmes de son chien.
Dans un bas fond, à une portée de fusil,
un homme qu'il reconnut pour Dinmont,
soutenait un combat désespéré contre deux
brigands. Il était à pied et se défendait de
son mieux avec le lourd manche de son
fouet. Notre voyageur vola à son secours,
mais avant son arrivée, le pauvre fermier
fut renversé, et l'un des voleurs profitant
de la victoiré le frappait impitoyablement
sur la tête. L'autre courut à la rencontre
de Brown, et criait à son compagnon de
le suivre, en disant: Celui-là est content,
c'est-à-dire qu'il ne pouvait ni se plaindre
ni résister. L'un des bandits était armé d'un
coutelas et l'autre d'un bâton. « La route
est fort étroite, pensa Brown, ils n'ont
point d'arme à feu; je vais les charger d'une
manière vigoureuse. » Les brigands lui
adressèrent les plus horribles menaces,
mais ils trouvèrent bientôt que leur nouvel
ennemi était aussi déterminé qu'agile, aussi
après avoir reçu quelques coups bien appliqués: « Au nom du diable, s'écria l'un
des

des deux, passe ton chemin, nous n'avons
rien à démêler avec toi. »

Brown ne voulant pas laisser à leur
merci l'infortuné qu'ils voulaient dévaliser
et même assassiner, rejeta leur proposition, et le combat recommença avec une
nouvelle fureur. Dinmont recouvrant ses
sens, se leva, saisit son arme et accourut
pour prendre part à l'action. Comme cet
antagoniste avait été difficile à vaincre étant
seul et surpris, les bandits n'attendirent
pas qu'il joignit ses forces à celles d'un
homme qui leur donnait de l'occupation.
Ils s'enfuirent à toutes jambes à travers les
ravins, poursuivis par Wasp qui avait
opéré une glorieuse et utile diversion en
faveur de son maître, en mordant les ta-
lons de ses ennemis.

— Diable! votre chien est bien dressé
à cette chasse; tels furent les premiers mots
du fermier, lorsque arrivant la tête ensan-
glantée, il reconnut son libérateur.

— J'espère que vous n'êtes pas dange-
reusement blessé.

— Bah! ma tête peut résister à de pa-

II.   9

reilles aubaines ; je ne leur ai pas de grandes obligations , mais bien à vous. Mainte_
nant il faut m'aider à ratrapper mon cheval et vous monterez en croupe ; car il faut
gagner du chemin , avant que toute la bande
ne fonde sur nous : le reste ne doit pas
être loin.

Heureusement le cheval fut bientôt trouvé ; mais Brown fit quelques objections sur
le danger de surcharger le palefroi. — Que
diable craignez-vous ? dit le fermier , Dumple porterait six hommes, si sa croupe
etait assez longue. Mais hâtez-vous pour
l'amour de Dieu ! montez vîte , car j'aper-
çois les brigands à travers la bruyère , et
il n'est pas prudent de les attendre.

Brown pensa que l'apparition de cinq
ou six hommes qui s'avançaient sur eux
devait abréger toute cérémonie ; il sauta en
croupe sur Dumple, qui quoique surchargé
de deux hommes grands et robustes, partit plein d'ardeur, comme s'il n'était monté
que par un enfant de six ans. Dinmont qui
connaissait familièrement tous les sentiers
de ces déserts, le dirigea avec dextérité
dans les meilleurs chemins, aidé par la sa-

gacité de l'animal qui dans les passages les
plus difficiles avait l'instinct de choisir celui
qu'un pouvait franchir plus sûrement. Malgré tous ces avantages la route était si obs-
truée, ils étaient si souvent obligés de quitter
le droit chemin par divers obstacles , qu'ils
ne gagnaient pas beaucoup d'avance sur
les brigands. « Ne craignez rien , dit l'intrépide écossais à son compagnon, si nous
avons le bonheur de traverser le ruisseau
de Withershins , la route sera plus belle
et nous les laisserons bien loin de nous.

Ils arrivèrent bientôt au ruisseau de ce
nom : c'était un étroit canal , dans lequel
croupissait au lieu de couler une eau sta-
gnante couverte d'une mousse verdâtre.
Dinmont dirigea son coursier vers un endroit où l'eau paraissait couler plus librement ; mais Dumple s'arrêta , baissa la tête
comme pour reconnaître ce passage , frappa
la terre de ses pieds de devant, et resta
immobile comme un cheval de bronze.

— Notre plus court parti , dit Brown ,
est d'abandonner cette bête et de passer le
ruisseau. Mais ne pourriez-vous pas le
forcer d'avancer ?

— Non, non, dit le guide, il ne faut
pas contrarier Dumple, il a plus de bon
sens que beaucoup de chrétiens. En parlant ainsi, il lâcha les rênes, et s'adressant
à son cheval: Allons, mon garçon, choisis
tes pas, voyons où tu nous feras passer.

Dumple abandonné à sa propre volonté,
trotta gaîment vers un autre endroit où le
ruisseau parut plus profond à Brown,
mais l'animal le préféra par instinct ou
par expérience, et s'y plongeant, il attei-
gnit sans peine l'autre bord.

— Je suis satisfait, dit Dinmont, d'être
sorti de ces bruyères, où l'on trouve plus
d'écuries pour les chevaux que d'auberges
pour les hommes ; nous allons suivre la
vieille route. Ils gagnèrent un chemin dé-
gradé, reste d'une voie romaine qui tra-
versait cette région sauvage dans la direction
du nord. Ils firent alors neuf à dix milles
à l'heure, Dumple ne prenant d'autre
repos que de quitter le galop pour le trot.
« Je pourrais le presser davantage, dit son
maître, mais il est chargé de deux camarades à longues jambes, et ce serait dom-

mage d'éreinter Dumple; il n'avait pas son pareil dans toute la foire de Staneshie-bank. » Brown fut aussi de cet avis, et il dit à M. Dinmont qu'il devait profiter de ce qu'ils étaient hors de l'atteinte des voleurs, pour envelopper sa tête de son mouchoir, de peur que le froid n'aggravât ses blessures.

— A quoi bon ? répondit l'intrépide fermier ; le meilleur moyen est de laisser le sang se figer sur la plaie, cela épargne un emplâtre.

Brown que sa profession militaire avait mis à même de voir un grand nombre de blessures dangereuses, ne put s'empêcher de remarquer qu'il n'avait jamais vu d'homme les souffrir avec autant d'indifférence.

— Bah ! je ne voudrais pas faire la poule mouillée pour si peu de chose; mais dans cinq minutes nous sommes en Ecosse et vous viendrez avec moi à Charlies-hope, c'est tout clair.

Brown accepta cette offre hospitalière. Il était presque nuit lorsqu'ils atteignirent une petite rivière qui arrosait de gras pâturages. Les montagnes étaient plus élevées

que celles qu'ils venaient de traverser et
les côteaux verdoyants qui en formaient
le pied descendaient jusqu'au bord de la
rivière. Leurs flancs unis, sans rochers,
sans forêts ne prétendaient pas attirer les
regards des amateurs de vues romantiques,
mais leur aspect était agreste et solitaire.
Point de routes, point d'enclos, peu de
terres labourées ; un ancien patriarche
aurait choisi ce lieu pour y faire paître ses
nombreux troupeaux. Des débris de tours
ruinées prouvaient que les anciens habitants
avaient des mœurs plus belliqueuses que
ceux d'aujourd'hui ; c'était le théâtre des
exploits de ces maraudeurs si fameux dans
les guerres entre l'Angleterre et l'Ecosse.

Ils descendirent par un petit sentier vers
un gué bien connu où Dumple traversa
la petite rivière ; et doublant le pas ils trot-
tèrent pendant un mille sur les côteaux
et atteignirent enfin deux ou trois habita-
tions basses et couvertes de chaume qui
par leur position montraient peu d'égards
pour les regles de la symétrie. C'était la
ferme de Charlies-hope. A leur approche

les aboiements prolongés des trois généra-
tions des Peppers et des Mustardes se firent
entendre, accompagnés par ceux de leurs
acolytes dont les noms nous sont inconnus.
Le fermier fit entendre sa voix et l'ordre
se rétablit. La porte s'ouvrit: une fille de
basse-cour à demi-vêtue y parut un moment et la referma aussitôt, en criant de
toutes ses forces: « Mistress, mistress,
c'est le maître avec un autre homme. »
Dumple se dirigea de lui-même vers la
porte de l'écurie, frappa du pied, hennit
et ses camarades lui répondirent. Au milieu de ce tumulte, Brown pouvait à peine
défendre Wasp de l'accueil peu fraternel
des Peppers et des Mustardes, dont la
civilité avait plus de rapports avec leurs
noms qu'avec l'hospitalité de leur maître.

Une minute après, un domestique robuste ouvrit à Dumple et le fit entrer dans
l'écurie, tandis que mistress Dinmont,
femme d'une figure charmante, embrassa
son mari avec une joie sincère. « Bonsoir,
messieurs; mon cher homme, vous avez
été bien long-temps absent.

CHAPITRE IX.

Dans la plus belle des prairies.
Le plus beau des ruisseaux coulait paisiblement;
Sur ses rives toujours fleuries,
Les zéphirs amoureux se berçaient mollement.

HOFFMAN.

LES fermiers du sud de l'Ecosse sont à présent beaucoup plus civilisés que leurs pères, et les mœurs que je vais décrire ont éprouvé un changement complet ou de grandes modifications. Sans avoir perdu leur simplicité rustique, ils cultivent des arts inconnus à la génération précédente, non seulement pour l'amélioration de leurs terres, mais pour tous les agréments de la vie. Leurs maisons sont plus commodes, leurs habitudes sont réglées sur celles du monde civilisé, et le luxe le plus estimable, le luxe de l'instruction a fait des progrès rapides pendant les trente dernières années. Les excès de la boisson, autrefois leur principal défaut diminuent de jour en jour;

leur hospitalité franche est toujours prati-
quée, quoique en général, elle soit plus
polie et renfermée dans de justes bornes

— Doucement, ma femme, dit Dinmont en repoussant ses caresses, mais en
la regardant avec affection ; doucement
Ailie, ne voyez-vous pas ce monsieur
étranger ?

Ailie se tourna vers notre voyageur pour
lui faire ses excuses. — C'est que j'ai tant
de plaisir à revoir notre homme.... mais
grand Dieu ! qu'avez-vous donc tous les
deux ? (la lumière du petit salon où ils
venaient d'entrer lui montrait en ce moment les taches de sang que les blessures
de la tête de Dinmont avaient répandues
sur ses habits et sur ceux de son compagnon.) Vous vous êtes encore battu avec
les maréchaux de Bewcastle. Un homme
marié, le père d'une nombreuse famille
ne pas mieux connaître le prix de son existence ! Tandis qu'elle prononçait ces paroles,
les larmes remplissaient ses yeux.

— Chut, chut, ma chère enfant, dit
le mari en l'embrassant avec plus de ten-

dresse que de cérémonie, ce n'est rien.
Voilà monsieur qui vous dira qu'en sortant
de chez Lourie Lowter avec qui j'avais bu
un coup , comme j'entrais dans les landes
et que je pressais mon cheval pour arriver
plutôt, deux coquins s'élancèrent sur moi,
sans que je m'en aperçusse, me renversè-
rent par terre, et ma foi, sans ce brave
homme, j'aurais perdu plus d'argent que
je n'en puis épargner: aussi après Dieu
c'est à lui que vous devez adresser vos remercîments. En parlant ainsi, il tira un
gros sac de cuir de sa poche, et le donna
à sa femme pour l'enfermer.

——Dieu bénisse ce brave monsieur ; mais
l'hospitalité que nous ne refuserions pas à
l'homme le plus misérable n'est pas une
récompense digne.... à moins que (ajouta-
t-elle en jetant un regard sur le sac de
peau qu'elle semblait lui offrir de le manière
la plus délicate) à moins qu'il n'y eut un
autre moyen.... Brown vit et apprécia ce
mélange de simplicité et de reconnaissance.
Jugeant que sa mise déjà très-modeste et
maintenant en désordre et couverte de sang

ne pouvait inspirer d'autre sentiment que
la pitié et même la charité, il se hâta de
leur dire qu'il s'appelait Brown, qu'il était
capitaine de cavalerie, et qu'il voyageait à
pied autant pour son plaisir que par économie. Il invita en même temps son hôtesse
à visiter les blessures de son mari. Mistress
Dinmont était plus accoutumée à voir des
entailles à la tête de son mari qu'à se
trouver vis-à-vis un capitaine de dragons.
Elle prit cependant une serviette qui n'é-
tait pas tout-à-fait blanche, et oubliant
pour quelques instants le souper auquel
elle avait déjà songé, elle saisit son mari par
les épaules et le fit asseoir, en lui disant
qu'il était une tête écervelée, qui cherchait
toujours des mauvaises affaires pour lui et
pour les autres.

Dandy Dinmont se leva en faisant plusieurs gambades, et après avoir exécuté
une danse montagnarde comme pour se
moquer de l'inquiétude de sa femme, il
daigna enfin se rasseoir et confier à son
inspection sa tête ronde, noire et chevelue.
Brown se rappela avoir vu le chirurgien

de son régiment considérer comme graves des blessures plus légères. Cette femme intelligente opéra avec beaucoup de dextérité, elle coupa délicatement les mêches de cheveux remplies de sang figé qui gênaient son opération, elle bassina les blessures, y mit de la charpie trempée dans une eau vulnéraire, estimée souveraine dans tout le canton et qui était fort en usage la nuit dans les foires; elle fixa sa compresse avec un bandage, et malgré la résistance du patient, elle lui mit un bonnet pour retenir le tout à sa place. Elle fomenta ensuite les contusions de son front et de ses épaules avec de l'eau-de-vie, ce que le blessé ne voulut permettre qu'après que le remède eut payé un large tribut à son gosier. Mistress Dinmont offrit ensuite avec une aimable simplicité ses secours à Brown, qui la remercia en lui disant qu'il ne lui fallait que de l'eau dans un bassin et une serviette.

—— J'aurais dû y penser plutôt, dit-elle; mais je n'ai pas osé ouvrir la porte, car tous les enfants sont là, et ils meurent d'envie de voir leur père.

Ceci

Ceci explique le vacarme et les trépigne-
ments qu'on entendait à la porte du salon, et
dont Brown avait été un peu surpris, quoique son hôtesse n'eût paru le remarquer
qu'en tirant le verrou dès qu'il avait commencé. Mais dès qu'elle eût ouvert la porte
pour aller chercher le bassin et la serviette
(car elle ne pensa pas à faire passer son hôte
dans un appartement séparé) les enfans
se précipitèrent dans le salon, les uns venaient de souhaiter la bienvenue à Dumple,
les autres de la cuisine où ils écoutaient les
contes et les chansons de la vieille Elspeth,
et les plus jeunes à moitié-nus avaient
abandonné leurs lits en criant qu'ils voulaient voir Papa, et savoir ce qu'il leur
avait apporté de la foire. Notre chevalier
à la tête cassée, les embrassa d'abord tou
à la ronde, puis leur distribua des sifflets,
des trompettes de deux sous et des pains
d'épice, et lorsqu'il vit qu'il ne pouvait
plus modérer les éclats bruyants de leur
joie, il dit au capitaine : C'est la faute de
notre femme, elle leur laisse faire tout ce
qu'ils veulent.

11.   10

— Moi ? Dieu me soit en aide, dit Ailie qui entrait avec le bassin et la serviette,
je n'ai pas d'autre plaisir à leur donner.

Alors Dinmont se leva et moitié par
caresses, moitié par menaces, il les poussa
hors du salon, n'y laissant qu'un garçon
et une fille, les deux aînés de la famille
qui pouvaient, disait-il, se conduire *décemment*. Pour la même raison et avec moins
de cérémonie, on expulsa tous les chiens,
excepté les vénérables patriarches, le vieux
Pepper et la vieille Mustarde, à qui de fré-
quents châtiments et leur âge avancé avaient
inspiré plus d'hospitalité. Après avoir ac-
cueilli avec un murmure prolongé Wasp
qui s'était d'abord réfugié sous la chaise
de son maître, ils consentirent à partager
avec lui une peau de mouton garnie de sa
laine qui leur servait de tapis de Bristol.

L'activité de la ménagère qu'on appelait
mistress à la cuisine et *bonne femme* au salon, avait déjà causé la mort de deux pou-
lets qui faute de temps furent cuits sur le
gril. Une énorme pièce de bœuf froid, des
œufs, des gâteaux, un pudding de farine

d'orge, une bière excellente faite dans la maison, et une bouteille d'eau-de-vie composèrent le souper. Bien des soldats après une longue marche ou une escarmouche l'auraient trouvé digne de leur appétit et Brown y fit honneur. Tandis que la bonne femme aidait une grande et vigoureuse servante dont les joues étaient aussi rouges que le ruban qui serrait ses cheveux, la dirigeait pour desservir le souper, et lui ordonnait d'apporter le sucre et l'eau, ce qu'elle était en grand danger d'oublier, tant elle était occupée à considérer un capitaine en activité de service, Brown demanda à son hôte s'il ne regrettait pas d'avoir négligé les avis de l'égyptienne.

—— Que sait-on, répondit-il, ce sont des diables incarnés ; j'aurais peut-être échappé à un danger pour tomber dans un autre. Mais peut-être ai-je tort de parler ainsi ; si elle vient à Charlies-hope, je lui donnerai une pinte d'eau-de-vie et une livre de tabac pour son hiver. Ce sont des diables, disait mon vieux père ; ils font du mal lorsqu'ils ont de mauvais guides, et l'on trouve du bon et du mauvais dans ces gens-là.

Un autre pot de bière et un autre bol d'eau-de-vie mêlée avec de l'eau se vidèrent, tandis qu'ils continuaient leur conversation. Brown ne voulut pas prolonger plus long-temps la veillée, il allégua la fatigue de la route et du combat, car il savait bien qu'il aurait été inutile de rappeler à son hôte ses blessures et ses contusions. Une petite chambre, un excellent lit reçurent notre voyageur, et la propreté des draps lui prouva que ce n'était pas sans raison que son hôtesse s'était flattée qu'ils seraient aussi bons que dans la meilleure auberge. « Ils avaient été lavés, dit-elle, dans la plus belle eau, blanchis dans sa prairie, filés par Nelly et elle-même, et que pouvait faire de plus une femme quand elle serait reine ? »

En effet ils étaient aussi blancs que la neige, et la manière dont ils avaient été blanchis les avait parfumés de l'odeur la plus agréable.

CHAPITRE X.

Sur ce rusé brigand , sur cet adroit voleur
Qui de ta basse-cour est le dévastateur,
Tourne, noble Breton , ta fureur indomptable
Poursuis, frappe, détruis cette race coupable.
Relancé par tes chiens, quitte-t-il son terrier;
Dirige contre lui le tube meurtrier.

Les Saisons par THOMPSON.

BROWN se leva de bonne heure et sortit
pour visiter la ferme de son nouvel ami.
Tout y était négligé et sans ordre : le jardin était dénué de cette élégance et de ces
agréments qui rendent si riants et si délicieux les jardins des fermes anglaises. On
s'apercevait cependant que cette négligence
devait être attribuée au défaut de goût et
à l'ignorance, et non à la pauvreté. D'un
autre côté, une étable remplie de vaches,
un enclos où paissaient de nombreux troupeaux, dix bœufs superbes, deux beaux
attelages de chevaux, des domestiques ac-
tifs, industrieux, et qui paraissaient con-
tents de leur sort, en un mot un air d'ai-

10.

bondance et de prospérité annonçaient un
riche fermier. Une pente douce séparait
la maison de la rivière, et donnait un libre
cours aux eaux dont les exhalaisons auraient pu devenir nuisibles. Près de là la
bande entière des enfans était occupée à
bâtir des maisons de terre, autour d'un
vieux chêne appelé *le buisson de Charlie*
du nom d'un ancien maraudeur qui selon
la tradition avait habité ces lieux. Entre
la ferme et les pâturages de la montagne
était un fossé profond, qui avait autrefois
servi de défense à un château dont il ne
restait pas le moindre vestige, et qui servait de retraite au héros dont nous venons
de parler. Brown voulut faire connaissance
avec les enfans, mais les petits fripons s'é-
chappèrent de ses mains comme du vif-
argent; les deux aînés s'arrêtèrent à quelques pas pour le regarder. Notre voyageur
se dirigea vers la montagne, traversa la
rivière sur des pierres placées pour cet
usage, mais qui n'étaient ni assez larges
ni assez solides pour y passer facilement
ner. Il commençait à monter lorsqu'il ren-
contra un homme qui descendait.

Il reconnut bientôt son digne hôte, quoique une veste grise eût remplacé sa redingotte de voyage. Un bonnet de peau de chat sauvage couvrait plus commodément les bandages dont sa tête était enveloppée, que ne l'aurait pu faire son chapeau. En l'apercevant à travers le brouillard du matin, Brown accoutumé à juger des hommes par leur taille et leurs muscles, ne put s'empêcher d'admirer sa haute stature, ses larges épaules et sa démarche assurée. Dinmont rendait intérieurement le même hommage à Brown dont il examinait les formes athlétiques plus à loisir qu'il n'avait pu le faire. Après les premiers compliments, Brown demanda à son hôte, si les suites du combat de la veille ne lui causaient pas de douleur.

— Je m'en souviens à peine, répondit le hardi fermier, mais maintenant que je suis frais et à jeun, je crois que si nous étions tous les deux au ruisseau de Withershins avec un bâton pliant de chêne, nous ne retournerions pas sans avoir rompu les côtes à une demi-douzaine de ces bandits.

— N'auriez-vous pas mieux fait de garder le lit deux heures de plus après avoir
reçu de telles contusions.

— Contusions! Capitaine, ma tête est
bien saine, il n'y a pas de confusion. Je me
laissai tomber une fois du haut du Chris-
tenbury-Craig en suivant mes chiens qui
poursuivaient un renard et c'était bien le
moment d'éprouver de la confusion dans
mes idées, point du tout, je n'en ressens
jamais que lorsque j'ai bu un petit coup
de trop. D'ailleurs il fallait que je fisses
ma ronde pour voir si tout était en ordre,
et visiter mes troupeaux; l'absence du maître
rend les valets négligents. Je viens de rencontrer Tam de Todshaw et quelques autres fermiers des bords de la rivière, ils se
sont tous rassemblés pour une chasse au
renard. Voulez-vous y aller? Vous pren-
drez Dumple et moi la jument.

— Mais, M. Dinmont, je crains d'être
obligé de vous quitter.

— Pas avant quinze jours. Non, non, on
ne rencontre pas tous les soirs des amis tels
que vous dans les bruyères de Bewcastle.

Brown n'étant pas pressé dans son voyage consentit facilement à passer une semaine à Charlies-hope.

A leur retour à la maison ils trouvèrent Allie présidant aux préparatifs d'un ample déjeûner. Elle entendit parler de la chasse au renard sans alarme ni surprise, mais sans y donner son approbation. — Dandy, vous n'êtes plus un jeune homme; rien ne vous corrigera jusqu'à ce qu'on vous rapporte les pieds en avant.

— Taisez-vous, femme, vous savez que je n'en vaux pas une épingle de moins. En parlant ainsi il exhorta Brown à dépêcher son déjeûner, parceque, dit-il, le dégel ayant commencé, la chasse ne tardera pas à avoir lieu.

Ils sortirent donc, le fermier servant de guide. Ils eurent bientôt quitté la petite vallée et ils s'enfoncèrent dans des montagnes escarpées et presque taillées à pic. Leurs flancs déchirés présentaient des crevasses par où se précipitaient avec fracas des torrents impétueux après une abondante pluie d'hiver. Quelques nuages flottaient

encore autour des pics qui hérissaient leurs
sommets. Mille petits ruisseaux serpentaient
en filets d'argent à travers la verdure. Suivant un sentier étroit pratiqué sur le penchant des montagnes et sur lequel Dinmont
trottait sans crainte, ils découvrirent enfin
le lieu du rendez-vous et aperçurent plusieurs chasseurs à pied et à cheval qui s'y
acheminaient. Brown cherchait à concevoir
comment une chasse au renard pouvait se
faire dans des gorges où il était non-seu-
lement impossible qu'un cheval accoutumé
à la plaine osât trotter, mais où le cavalier
aurait été précipité dans des abymes profonds, s'il avait dépassé d'un demi-pied
l'étroit sentier. Son étonnement ne dimi-
nua point lorsqu'il fut arrivé au lieu de
l'action.

Ils parvinrent, après avoir long-temps
monté, à un plateau qui dominait une
vallée extrêmement profonde, mais très-
étroite. Les chasseurs s'y étaient réunis
avec un appareil qu'un amateur de cette
chasse aurait trouvé choquant et bizarre :
car leur réunion avait autant pour but la

destruction du sanguinaire ennemi de leurs poulaillers, que le plaisir de le poursuivre. Le pauvre renard n'avait pas si beau jeu que dans la plaine. Mais la force de son habitation et la nature du terrain suppléait au peu de courtoisie de ses persécuteurs. La vallée était bordée de bancs de terre éboulée et de rochers détachés qui s'étendaient jusqu'à un petit ruisseau dont les bords étaient couverts çà et là de genêts épineux et de touffes de houx. C'est sur les bords de cette ravine qui, comme nous l'avons dit, était fort étroite et très-profonde, que se placèrent les chasseurs à pied et à cheval ; chaque fermier avait avec lui au moins un couple de ces énormes levriers autrefois si renommés dans ce pays, mais dont la race a dégénéré par le mêlange. Le veneur, espèce de garde-chasse du canton qui recevait une récompense pour chaque renard qu'il tuait, était déjà au fond de la vallée dont les échos retentissaient des aboiemens de deux ou trois couples de chiens qui le suivaient. Les bassets, tous de la race de Pepper et de Mustarde, qu'un

berger avait eu soin de conduire d'avance,
n'attendaient que le signal. Metis, dogues,
barbets aboyaient en chorus. Les spectateurs placés sur les bords du ravin tenaient
leurs levriers en laisse prêts à les lâcher
sur le renard , dès qu'il abandonnerait
son terrier.

Ce spectacle quoique peu agréable aux
yeux d'un chasseur de profession, offrait
néanmoins un aspect sauvage qui n'était
pas sans attrait. Les personnages qui cou-
ronnaient les sommets des monts se dessi-
naient sur les nuages et semblaient se mouvoir dans les airs. Les chiens dans leur
impatience mordaient les courroies qui les
retenaient, aboyaient et s'élançaient pour
joindre leurs compagnons. Au dessous la
vue n'était pas moins pittoresque. Les
brouillards n'étant pas entièrement dissi-
pés, les mouvements des chasseurs se montraient comme à travers une gaze transpa-
rente. Quelquefois une brise légère chas-
sait les nuages et laissait voir le petit ruisseau qui coulait au fond de cette vallée solitaire, et les chasseurs s'élançant de rochers

chers en rochers semblaient dans le lointain autant de pygmées se jouant sur des
pierres. Le brouillard les couvrait-il encore, les cris des chasseurs et les aboiemens des chiens qui semblaient sortir des
entrailles de la terre annonçaient seuls que
la chasse continuait. Lorsque le renard
poursuivi d'un fort à l'autre , était obligé
d'abandonner la vallée pour chercher un
refuge plus éloigné , ceux qui d'en haut suivaient tous ses mouvements lâchaient sur
lui leurs chiens de réserve , qui, le surpas-
sant en vitesse et l'égalant en férocité, mettaient bientôt fin à la vie du rusé voleur.

C'est de cette manière que, sans aucun égard pour les règles ordinaires de
cette chasse , mais à la grande satisfaction
des bipèdes et des quadrupèdes qui y pri-
rent une part active, quatre renards furent
tués dans cette matinée. Brown lui-même
quoiqu'il eût assisté aux chasses des princes
indiens , et qu'il eût poursuivi le tigre ,
monté sur un éléphant avec le Nabab d'Ar-
cot, avoua qu'il y avait trouvé un grand
plaisir. Lorsque tout fut terminé, la plus

grande partie des chasseurs, selon l'usage hospitalier de ce pays, vint dîner à Charlies-hope.

En retournant, Brown se trouvant à côté du veneur, lui fit diverses questions sur la manière dont il exerçait sa profession. Mais celui-ci évitait ses regards et fuyait sa compagnie avec une affectation dont il ne put se rendre raison. Cet homme était vif, leste et hardi; il semblait né pour la profession qu'il avait embrassée; mais sa figure n'exprimait pas la franchise d'un vrai chasseur : il avait le regard sombre, embarrassé et détournait les yeux lorsqu'on le regardait en face. Après quelques observations peu importantes sur le succès de cette matinée, Brown lui donna une légère gratification et rejoignit son hôte. Ils trouvèrent Ailie disposée à les bien traiter : le poulailler et la bergerie firent les frais du dîner. La gaîté franche et la bonne humeur suppléèrent à l'étiquette et à l'élégance.

CHAPITRE XI.

Les Elliot et les Armstrong
Formaient aimable compagnie.
Ballade de Johnnie Armstrong.

Nous ne parlerons pas des occupations
de Brown pendant un ou deux jours qui se
passèrent en amusemens champêtres de
peu d'intérêt pour le lecteur ; mais nous
lui fairons connaître une pêche particulière
à l'Ecosse qu'on peut appeler la chasse au
Saumon. Cette chasse dans laquelle on
poursuit le poisson avec un espèce de trident nommé *Waster* est fort usitée à l'em-
bouchure de l'Esk et dans les autres riviè-
res de l'Ecosse où le saumon abonde. Elle
se fait le jour et la nuit, mais plus souvent
la nuit ; alors on se sert de torches ou de
grilles remplies de bois résineux qui jettent
une lumière vive quoique partielle pour
découvrir le poisson. Dans cette occasion
une partie des chasseurs était embarquée
dans un vieux bateau , à un endroit où la

rivière retenue par la digue d'un moulin
était plus large et plus profonde; tandis
que les autres, comme les anciennes ba-
chanales, couraient sur la rive en brandis-
sant leurs torches et leurs tridents. Les
saumons effrayés cherchaient leur salut en
s'abandonnant au courant, ou en se cachant sous des troncs d'arbres ou sous des
fragments de rochers; mais une bulle d'air
sur la surface de l'eau, l'agitation d'un ro-
seau indiquaient la présence du fugitif, et
dirigeaient le harpon de l'adroit pêcheur.

Cette scène avait beaucoup d'attraits pour
ceux qui y étaient accoutumés, mais Brown
n'ayant pas l'habitude du trident, le lan-
çait souvent en vain, et loin de toucher
le poisson, il n'atteignait que les rochers
du fond de la rivière. Il éprouvait une émotion pénible qu'il s'efforçait de cacher, en
voyant les convulsions du saumon qui lut-
tait contre la mort et inondait de son sang
la barque où on l'avait tiré. Il se fit mettre
à terre et du haut de la rive il jouit avec
plus d'agrémens de ce spectacle. Il se rappela souvent son ami Dudley, en observant

les effets de lumière produits par la clarté
rougeâtre des torches sur les bords romantiques que la barque longeait dans sa course. Tantôt elle paraissait une étoile éloignée
qui glissait au dessus de l'onde, semblable
à ces feux que le génie du fleuve fait briller, selon les légendes du pays, sur l'endroit où gissent ses victimes; tantôt elle
s'aggrandissait en s'approchant, et teignait
d'un rouge sombre les rocs, les arbres et
le rivage qu'elle éclairait en passant; puis
elle s'éloignait par degrés et à son éclat
succédait la pâle clarté de la lune. A sa lueur
on voyait dans la barque des figures cui-
vrées, le trident élevé, semblables en tout
aux habitans du pandœmonium.

Après s'être amusé quelque temps de
ces divers effets de l'ombre et de la lumière,
Brown retourna à la ferme, examinant
dans sa route les divers groupes de pêcheurs qui étaient ordinairement trois ensemble. L'un tenait la torche, les autres
profitaient de la clarté pour harponner le
poisson. Il aperçut un pêcheur qui faisait
de vains efforts pour retirer de l'eau un

saumon qu'il avait percé, et s'avança pour
voir l'issue de cette lutte. Il reconnut dans
l'homme qui tenait la torche le même veneur dont la taciturnité l'avait frappé.
« Venez-ici, monsieur ! venez-ici, lui criè-
rent ceux qui se trouvaient là, voyez ce
poisson, il est gros comme un cochon. »

—— Tirez-le à terre ! tenez-le bien, vous
n'avez pas la force d'un chat ! tels étaient
les cris et les encouragements qu'on adressait au pêcheur aux prises avec le saumont
et qui luttant contre la force du couran
et celle du poisson ne savait comment s'y·
prendre pour s'assurer de sa proie. ——
Élevez votre torche, l'ami veneur, dit
Brown en s'avançant, car il l'avait déjà re_
connu à ses traits basanés. Mais celui-ci
n'eut pas plutôt distingué la voix du capitaine qu'au lieu d'élever sa torche il la
laissa tomber dans l'eau comme par accident.

—— Gabriel a le diable au corps, dit
celui qui tenait le trident, tandis que les
débris du bois flottaient encore à demi en.
flammés, cet homme a le diable au corps

Je n'en viendrai jamais à bout sans lumière.... Si je pouvais parvenir à l'amener à
terre, jamais on n'aurait vu de si beau
poisson. Plusieurs de ses camarades descendirent dans l'eau, et après l'avoir tiré
sur la rive, ils trouvèrent qu'il pesait plus
de trente livres.

Brown fut frappé de la conduite du veneur; il ne se rappelait pas ses traits, et
ne pouvait concevoir pourquoi il évitait ses
regards. — Serait-ce, pensait-il, un de
ces voleurs avec qui nous avons eu affaire
ces jours-ci? — La supposition n'était
pas invraisemblable, mais elle n'était fon-
dée sur aucune observation faite sur sa figure. Les brigands portaient des chapeaux
rabattus, de larges habits et leur taille
n'offrait rien de remarquable. Il résolut
d'en parler à son hôte Dinmont; mais pour
de bonnes raisons, il renvoya cette explication au lendemain matin.

Les pêcheurs retournèrent chargés car
on avait déjà tué près de cent saumons.
Les plus beaux furent réservés aux principaux fermiers, et les autres furent parta-

gés entre les bergers, les paysans et tous
ceux d'un rang inférieur qui les avaient ai-
dés dans cette pêche. La chair enfumée de
ce poisson était une addition succulente
aux oignons et aux pommes de terre qui
faisaient leur principale nourriture pendant l'hiver. On leur fit une libérale dis-
tribution d'aile et de whisky, sans oublier
trois énormes saumons qu'on leur fit bouil-
lir dans un chaudron pour leur souper.
Brown suivit son hôte et ses amis dans une
grande cuisine enfumée où le repas était
servi sur une grande table de chêne, où
auraient pu se placer Johnnie Armstrong
et toute sa joyeuse compagnie. La gaîté la
plus bruyante présidait à ce banquet. Notre
voyageur chercha des yeux la figure ba-
sanée du veneur; mais il ne l'aperçut pas.

   Il hazarda enfin une question sur lui. ——
Il est arrivé un accident bien désagréable
à l'un de vous, mes amis, lorsqu'il a laissé
tomber sa torche dans l'eau, pendant que
son camarade se débattait avec un gros
saumon.

   —— Accident! répondit en levant la tête

le jeune berger qui avait harponné le saumon, il mériterait d'être puni celui qui a
éteint la lumière au moment où le poisson
venait d'être percé. Je suis convaincu que
Gabriel l'a fait exprès, car il n'aime pas
qu'un autre fasse mieux que lui.

—— Cela est vrai, dit un autre ; il en est
sans doute honteux, autrement il serait
venu ce soir : Gabriel aime à se trouver à
un bon repas aussi bien que nous.

—— Est-il de ce pays, dit Brown.

—— Non ; il y a peu de temps qu'il occupe son poste ; mais c'est un bon chasseur ;
je crois qu'il est du côté de Dumfries.

—— Et quel est son nom, je vous prie ?

—— Gabriel.

—— Mais son nom de famille ?

—— Ma foi, Dieu le sait ; nous ne nous
embarrassons pas trop des surnoms ; ils
sont les mêmes pour tout un clan.

—— Monsieur, dit d'une voix cassée un
vieux berger en se levant, toutes les personnes ici rassemblées sont des Arms-
trongs, des Elliots et autres noms semblables. Les seigneurs et les fermiers pren-

nent pour se distinguer les noms de la
terre qu'ils habitent, comme par exemple
Tam de Todshaw, Will de Flat, Hobbie
de Sorbietrees, et notre bon maître prend
celui de Charlies-hope. Les inférieurs sont
connus par leurs sobriquets, Christie le
niais, Dewke le bossu, souvent par leurs
emplois, comme Gabriel, qu'on appelle
Gabbie le veneur. Il n'y a pas long-temps
qu'il est ici, et il n'est pas connu sous un
autre nom. Mais ce n'est pas bien de parler ainsi en son absence : c'est un bon
chasseur au renard, mais il n'est pas aussi
bon pêcheur que plusieurs de ceux qui
sont ici à table.

Après plusieurs autres discours de ce
genre, les pêcheurs d'un rang supérieur
se retirèrent pour terminer la soirée selon
leurs goûts, laissant les autres se divertir
librement, sans être gênés par leur présence. Cette soirée, comme toutes celles
que Brown avait passées à Charlies-hope,
s'écoula au milieu des amusemens inno-
cents et des festins. La débauche aurait ris-
qué d'être poussée trop loin sans les dames

du voisinage qui s'étaient rassemblées pour
être témoins de l'issue de cette nuit mémorable. Voyant qu'on venait trop souvent
remplir le bol de punch, elles craignirent
d'être oubliées, et firent une irruption dans
la salle du festin, ayant à leur tête mistress
Ailie, de sorte que le dieu de la treille fut
vaincu par la déesse des amours. Un
joueur de violon et un joueur de flûte parurent à leur suite, et le reste de la nuit
se passa agréablement à danser au son de
cette musique.

Une chasse à la loutre le lendemain et
une au blaireau le surlendemain, rempli-
rent joyeusement le temps. J'espère que
notre voyageur ne perdra rien de l'estime
du lecteur quelque passionné chasseur qu'il
soit, lorsqu'il saura que le jeune Pepper
ayant perdu un pied de devant et la jeune
Mustarde étant presque étranglée, Brown
demanda à M. Dinmont comme une faveur
particulière et personnelle, qu'on laissât
se retirer dans son terrier sans l'inquiéter
davantage, le courageux blaireau qui avait
fait une si belle défense. Le fermier qui

aurait traité avec mépris cette demande si
elle lui eût été faite par toute autre personne, se contenta de lui exprimer son
étonnement. —— Bon, dit-il, quelle idée !
mais puisque vous prenez son parti, du diable si quelqu'un de mes chiens lui fait du
mal. Je le remarquerai et je l'appellerai le
blaireau du capitaine. Je suis charmé d'a-
voir cette occasion de vous faire plaisir,
mais Dieu nous bénisse ! s'inquiéter d'un
blaireau !

Après une semaine passée dans ces dé-
lassements champêtres, Brown comblé des
marques sincères d'une franche amitié de
la part de son hôte, dit adieu aux rives
du Liddel et au toît hospitalier de Charlies-
hope. Tous les enfants dont il était maintenant le favori se mirent à pleurer, et il
fut obligé de leur promettre vingt fois qu'il
reviendrait et qu'il leur jouerait sur son
flageolet les airs qu'il aimaient le plus, jusqu'à ce qu'ils les eussent appris par cœur.

—— Revenez, capitaine, et Jenny sera
votre femme, dit une petite étourdie de
onze ans, et elle courut se cacher derrière
sa mère.   Revenez

— Revenez, capitaine, dit une petite joufflue d'environ six ans en lui présentant la bouche pour l'embrasser, c'est moi qui serai votre femme.

Ils seraient pétris d'un limon plus dur que moi ceux qui quitteraient avec indifférence des enfants aussi aimables. La bonne dame avec une modestie et une simplicité affectueuse, image de l'ancien temps, offrit sa joue au voyageur. — Nous pouvons bien peu faire pour vous, lui dit-elle, bien peu... mais cependant... s'il y avait quelque chose qui....

— Eh! bien, ma chère mistress Din-mont, vous m'enhardissez à vous demander une grâce, c'est d'avoir la bonté de me faire une redingotte grise pareille à celle de votre mari. Le langage et les habitudes du pays lui étaient devenus familiers pendant le peu de temps qu'il y était resté, et il était persuadé que sa demande serait reçue avec plaisir.

— Il faudrait que je n'eusses pas un peloton de laine, dit la bonne femme avec une joie sincère, si vous n'en avez pas une des plus belles qu'on ait jamais portées Je parlerai à Johnnie Goodsire, tisserand à Castletown. Adieu, monsieur, puissiez-vous jouir du bonheur que vous souhaitez aux autres! C'est un souhait qui ne serait pas agréable à tout le monde.

Nous ne devons pas oublier de dire que notre voyageur prévoyant qu'il pourrait se trouver dans une position où le silence et la discrétion lui seraient nécessaires, laissa son fidèle Wasp à Charlies-hope. Il le confia à l'aîné des enfans qui promit de lui donner, comme dit une vieille chanson

Place à la table et place au lit,

et qu'il ne l'engagerait dans aucun de ces périlleux passe-temps où la race des Peppers et des Mustardes souffrait de fréquentes mutilations. Brown ayant fait ses adieux à son fidèle compagnon se prépara à partir.

Il y a dans ces montagnes un vieux préjugé en faveur de la coutume de monter à cheval. Tous les fermiers sont bons cavaliers, sans doute à cause de l'étendue de leurs pâturages et par la nécessité de les surveiller rapidement. Un antiquaire zélé en verrait l'origine dans les temps du Lay

du dernier Ménestrel, lorsque vingt mille
cavaliers se réunissaient en un instant autour du feu qui leur servait de signal. Il
n'est pas moins vrai qu'ils aiment fort
à monter à cheval, et il est difficile de
leur persuader qu'on puisse voyager à
pied, si ce n'est par convenance ou par nécessité. Dinmont insista pour que notre-
capitaine acceptât un cheval. Il voulut l'ac
compagner jusqu'à la première ville du
comté de Dumfries, où il avait fait adresser ses effets et d'où il se proposait de se
diriger vers Woodbourne, résidence de
Julie Mannering.

Chemin faisant, il questionna son compagnon sur le caractère du veneur, mais
il en tira peu d'éclaircissemens, car celui
ci avait été appelé à cet emploi pendant
que Dinmont faisait sa tournée dans les
foires. — Il a l'air d'un coquin, dit-il, je
parie que le sang égyptien coule dans ses
veines; mais ce n'est pas un de ceux qui
nous ont attaqués dans la bruyère. Si je les
revoyais, je les reconnaîtrais bien. Parmi
ces Egyptiens, il y en a qui ne sont point
méchants, et si jamais je rencontre cette

longue perche de vieille femme, je lui donnerai de quoi acheter du taba c, car après
tout elle m'avait donné un bon conseil.

Lorsqu'ils se séparèrent, le fermier
serra long-temps la main de Brown, et lui
dit enfin : Capitaine, les laines se sont si
bien vendues cette année, que toutes mes
rentes sont payées, et lorsque Ailie aura
fait une robe neuve et habillé ses enfants,
et ne saurai que faire du reste de mon argent. Si je pouvais le placer en des mains
sûres, cela vaudrait mieux que d'en acheter
de l'eau-de-vie et du sucre. On dit que
vous autres militaires pouvez quelquefois
acheter votre avancement : si cent livres
sterling vous sont utiles, je préférerais
votre billet à de l'argent et vous prendriez
le temps le plus à votre convenance pour
me le rendre. Cette délicatesse qui dégui-
sait un présent en demandant un service,
fut appréciée par Brown. Il remercia vivement son ami, et lui promit qu'il aurait recours à sa bourse, si jamais les
circonstances le mettaient dans ce cas.
Ils se séparèrent enfin avec des nombreux
témoignages d'une reconnaissance mutuelle.

CHAPITRE XII.

S'il reste dans ton ame un sentiment humain,
Soulève-moi la tête, et que je meure enfin.

JEANNE BAILLIE.

NOTRE Capitaine loua une chaise de poste
dans l'endroit où il se sépara de Dinmont
pour se rendre à Kippletringan où il se
proposait de s'informer de l'état de la famille de Woodbourne, avant de faire connaître son arrivée à miss Mannering. La
distance était de dix-huit ou vingt milles et
dans une route à peine tracée. Par sur-
croit de mésaventure, la neige tombait à
gros flocons; cependant le postillon marcha
pendant plusieurs milles sans témoigner la
moindre hésitation, et la nuit était tout-à-
fait close lorsqu'il exprima le doute d'être
dans la véritable route. La neige qui s'a-
moncelait rendait cette crainte d'autant plus
alarmante que le vent la poussait contre
le visage du postillon, et que tout était

12,

blanc autour de lui, il ne pouvait retrouver
le vrai chemin, et la connaissance qu'il
avait du pays ne lui servait de rien. Brow^n
mit la tête à la portière et regarda autou^r
de lui sans autre espoir que de découvrir
quelque maison où il put s'informer du
chemin. N'ayant rien aperçu, il fit marcher
à l'aventure. Ils traversaient des plantations
considérables : ce qui leur fit supposer que le
château de quelque seigneur ne devait pa$_s$
être éloigné. Après environ un mille d'une
route pénible, le postillon s'arrêta en pro-
testant que ses chevaux ne pouvaient plu^s
faire un pas. » Il voyait, ajouta-t-il, une lumière à travers les arbres, qui devait venir
selon lui d'une maison, la seule où l'on
put demander des renseignements. » Il sauta
donc lourdement à terre, chargé d'une
énorme redingotte grise et d'une paire de
bottes qui auraient rivalisé en épaisseur
avec les sept peaux du bouclier d'Ajax.
Comme il allait commencer son voyage de
découvertes dans cet accoutrement, l'im-
patient capitaine s'élança de la voiture, et
dit au postillon qu'il restât à ses chevaux,

qu'il se rendrait lui-même à cette maison.
Celui-ci obéit avec joie à cet ordre.

Brown marcha quelque temps le long
d'un enclos au milieu duquel il voyait briller la lumière, pour trouver quelque passage par où il pût se diriger. Il parvint enfin
à pénétrer dans une vaste plantation et le
chemin qu'il suivait semblait le conduire
vers l'objet de ses recherches qui disparut
bientôt caché derrière les arbres. Le sentier large et facile à l'entrée du bois se faisait maintenant à peine distinguer, quoique
la blancheur de la neige éclairât sa marche.
Choisissant alors les endroits les moins
fourrés du bois, il fit environ un mille sans
apercevoir la lumière ni aucune indice
d'habitation. Il marcha constamment dans
la même direction, ne pouvant croire que
cette lumière n'eut brillé au moins dans la
hutte d'un garde forestier, car sa clarté
avait été trop durable pour n'être que celle
d'un feu follet. Le terrain devenait raboteux
et la pente était rapide. Quoique assuré
d'être toujours dans le même sentier,
Brown, à qui la neige en dérobait les inéga-

lités, fit une ou deux chutes. Il fut sur le
point de revenir sur ses pas, d'autant plus
que la neige tombait avec plus d'abondance,
ce que son impatience l'avait empêché d'a-
percevoir.

Il fit néanmoins un dernier effort, et
après quelques pas il aperçut, à son grand
soulagement, la lumière qui semblait être
de niveau avec lui. Mais ce n'était qu'une
illusion; la pente était d'une extrême rapidité, et un ravin profond le séparait de
l'objet si désiré. Avançant avec précaution,
il continua à descendre et arriva à un petit
ruisseau dont le cours était presque arrêté
par la neige. Il se trouva au milieu de chaumières ruinées dont les murs noircis faisaient un contraste avec l'éclatante blancheur qui couvrait toute cette surface. Les
décombres des murs qui plus faibles avaient
cédé à la main destructive du temps,
entassés et recouverts par la neige, ap-
portaient de fréquens obstacles à la marche de notre voyageur. Il persévéra cependant, traversa non sans peine le petit
ruisseau; grimpa avec des efforts aussi pé-

nibles que dangereux sur le rocher opposé
et parvint enfin au niveau du bâtiment d'où
provenait la lumière.

Une clarté aussi faible lui était peu favorable pour découvrir la nature de cet
édifice ; mais il semblait carré, peu considérable et la partie supérieure en était to-
talement ruinée. Peut-être avait-il servi
dans les anciens temps de retraite ou de
forteresse à quelque seigneur ou d'habitation à un propriétaire peu opulent. Il n'en
restait qu'un petit appartement dont la
voûte servait de toît au bâtiment. Brown
découvrit en s'approchant que la lumière
s'échappait d'une meurtrière, telle qu'on en
voit encore dans les vieux châteaux. En-
traîné par la curiosité, il regarda pour reconnaître l'intérieur de cet étrange séjour.
Le spectacle le plus affreux s'offrit à ses
regards. Un feu était allumé au milieu de
l'appartement, et la fumée après avoir cir-
culé en tourbillons s'échappait par un trou
pratiqué dans la voûte. Les murs éclairés
par cette sombre lueur avaient la couleur
d'un édifice ruiné depuis trois siècles ; deux

ou trois tonneaux, des caisses brisées et
des ballots éventrés étaient dispersés sans
ordre sur le plancher. Les personnages qui
habitaient cette triste demeure attirèrent
toute l'attention de Brown. Sur de la paille
et entourée d'une méchante couverture gi-
sait une figure qu'on aurait pris facilement
pour un cadavre, s'il avait été couvert du
lugubre vêtement des morts. Le râle, les
sanglots entrecoupés, les gémissements qui
précèdent la dissolution d'un corps robuste
annoncèrent à Brown qu'il serait bientôt
réduit à ce triste état. Une femme enveloppée d'un grand manteau était assise sur
une pierre à côté de cette misérable couche.
Ses coudes appuyés sur ses genoux soute-
naient sa tête qui était tournée vers le
mourant et placée dans l'ombre d'une
lampe de fer. Elle humectait de temps en
temps sa bouche, et par intervalles elle
chantait d'une voix sombre et sépulcrale
une de ces prières ou plutôt de ces charmes
dont le peuple se sert encore dans l'Ecosse
et dans le nord de l'Angleterre, pour faci-
liter le terrrible *trépassement*. Elle accom-

pagnait ses sons discordants d'un balance-
ment de son corps qui semblait marquer
la mesure de ce chant funèbre, dont voici
à peu-près le sens :

Pourquoi vouloir lutter contre l'heure fatale ?
Abandonne ce corps périssable et mortel;
Hâte-toi, le temps presse et que ton dernier râle
Te transporte à jamais au séjour éternel.

Va, ne redoute point l'orage, la tempête,
La neige, les frimats, les autans furieux ;
Dès que le drap fatal aura couvert ta tête ,
Le sommeil de la mort te défendra contr'eux.

La chanteuse s'arrêta, et quelques gémissements poussés par le moribond lui
répondirent. « Ah ! murmura-t-elle, sa con-
science est chargée, il ne peut mourir. »

« Le ciel en sa fureur ne voudra le souffrir
Et la terre pour lui refuse de s'ouvrir. »

Il faut ouvrir la porte, dit-elle. Elle se
lève, et s'avançant vers la porte sans détourner la tête, elle tire deux verroux,
(car malgré la misérable apparence de
cette habitation, elle était fermée avec soin)
et elle se met à chanter :

« Porte ouverte, lutte finie:
La mort triomphe, adieu la vie. »

Brown qui avait quitté son poste; se
trouve vis-à-vis d'elle au moment où elle
ouvre la porte. Elle fait un pas en arrière
et il entre en reconnaissant non sans crainte
la même bohémienne qu'il avait rencontrée
dans le Bewcastle. Elle le reconnut aussi,
et son attitude, sa phisionomie étaient celles
de la bonne ogresse des contes des fées qui
empêche un étranger d'entrer dans le terrible château de son mari. Les premiers
mots qu'elle prononça en élevant la main
comme pour l'arrêter furent ceux-ci: « Ne
vous ai-je pas dit: *Ne vous mêlez pas avec
eux, ils ne vous feront aucun mal?* Vous
voilà maintenant dans le séjour de la mort,
auprès d'un lit ensanglanté. » En parlant
ainsi, elle prit la lampe et l'approcha de
la figure du mourant dans les traits féroces
étaient en proie aux convulsions de l'agonie.
Le linge qui environnait sa tête était souillé
de sang ainsi que la paille la couverture,
Ce qui prouvait que ce malheureux n'était

pas

pas attaqué d'une maladie naturelle. Brown recula frappé d'horreur, et s'adressant à l'égyptienne : — Misérable, qui a commis ce crime ?

— Ceux qui en avaient le droit, répondit Meg Merrilies, en jetant un regard farouche sur l'homme expirant. Il est dans un cruel moment... mais ses souffrances vont cesser... Je savais que vous passeriez par ici... Le voilà mort. — On entendit en cet instant le bruit éloigné de plusieurs voix. — Vous êtes un homme mort, dit-elle à Brown, quand vous auriez autant de vies que de cheveux sur la tête. Brown jeta les yeux autour de lui pour découvrir quelque arme, il n'en vit aucune. Il s'élança vers la porte pour fuir à travers le bois et se tirer de cette caverne de brigands, mais Merrilies l'arrêta avec la force d'un homme. — Restez ici, dit-elle, vous êtes en sûreté... quoi que vous voyez, quoi que vous entendiez, gardez un profond silence et je réponds de vous.

Dans ce péril imminent Brown ne vit d'autre ressource que de lui céder. Elle le

fit coucher sur un peu de paille du côté
opposé au cadavre; l'en couvrit avec
soin, et jeta sur lui quelques vieux sacs
qui étaient par terre. Curieux d'être témoin
de la scène qui allait se passer, Brown se
ménagea une ouverture, et attendit avec
anxiété l'issue de cette étrange et désagréable aventure. La vieille bohémienne se mit
à arranger le cadavre; elle étendit les jambes, allongea les bras contre les côtés, en
disant: « Il vaut mieux le faire à présent
que quand il sera roide. » Elle mit sur sa
poitrine une assiette de bois pleine de sel,
alluma deux chandelles qu'elle plaça l'une
aux pieds, l'autre à la tête, recommença
son chant funèbre, et attendit l'arrivée de
ceux dont elle avait entendu la voix.

Brown était un brave militaire, mais il
était homme. Dans cet affreux moment
son courage fit place à de justes alarmes.
L'idée accablante d'être arraché de sa retraite par des misérables souillés de tous
les crimes, le couvrit d'une sueur froide.
Privé d'armes et de tout moyen de défense,
ne pouvant leur opposer que des pierres

dont ils se riraient; et des cris impuissant
qui ne seraient entendus que d'eux mêmes,
il n'eut d'autre espoir que dans la pitié
d'une malheureuse, associée à des voleurs,
et dont l'habitude du brigandage devait
avoir endurci le cœur. L'ame froissée
par ces pensées déchirantes, il cherchait à
découvrir dans la sombre physionomie
de Meg, lorsqu'elle était éclairée par la
lampe funèbre, quelque indice de compassion et d'humanité qu'on rencontre
toujours chez les femmes même les
plus dégradées. Mais cette figure sinistre
n'offrait aucune trace de sentiments humains, et l'intérêt que cette femme semblait lui porter avait d'autres causes que
la compassion telles que cet amour fantas-
tique, cette ressemblance imaginaire qui
frappèrent Lady Macbeth, lorsqu'elle crut
voir son père dans la personne du monar-
que endormi. Ces réflexions se succédaient
rapidement dans l'esprit de Brown, pendant qu'il considérait ce personnage extraordinaire. La bande n'arrivant pas, il
était presque tenté de s'échapper, mau-

dissant son irrésolution qui l'avait fait con-
sentir à rester dans ce coupe-gorge.

Meg Merrilies semblait également aux
aguets. Elle prêtait une oreille attentive
aux sifflements aigus du vent à travers ces
murs délabrés. Elle se tournait ensuite vers
le cadavre et trouvait encore quelque chose
à changer dans sa position. « Voilà un beau
corps, disait-elle en le considérant avec
l'attention minutieuse et les connaissances
d'un anatomiste, il est bien digne d'être
enséveli avec soin. » Elle l'enveloppa dans
une pièce d'étoffe noire qu'elle prit dans
un coin, ne lui laissant que le visage découvert. Elle lui ferma la bouche et les
yeux, et arrangea le drap de manière à
cacher les bandages ensanglantés, afin, dit-
elle, de lui donner une apparence plus
decente.

En ce moment trois ou quatre hommes
dont les traits et l'extérieur annonçaient
des brigands se précipitèrent dans la chaumière. — Meg, fille de Satan, pourquoi
laissez-vous la porte ouverte ?

— Et depuis quand doit-on fermer la

porte quand un homme est sur le point
d'expirer ? comment l'ame pourrait-elle s'é-
chapper à travers les grilles et les verroux.

— Il est donc mort ? dit l'un d'entr'eux
en s'approchant du cadavre.

— Oui, oui, il est bien mort, dit un
autre ; nous avons ici de quoi lui faire nos
adieux. En parlant ainsi, il tira d'un coin
un baril d'eau-de-vie, tandis que Meg
se hâtait de leur préparer des pipes et du
tabac. En voyant l'activité qu'elle déployait dans cette occupation, Brown conçut
une opinion favorable de son hôtesse : car
il conjectura que ce n'était que pour les
empêcher de le découvrir qu'elle les invi-
tait à boire et à fumer, afin de les éloigner de l'endroit où il était caché.

CHAPITRE XIII.

Jamais une épouse chérie
N'a souhaité notre retour ;
Nous redoutons l'éclat du jour ;
De la nuit le sombre silence
Favorable à la malveillance
Nous trouve armés : Allons, amis,
Profitons du crêpe des nuits.

JEANNE BAILLIE.

BROWN put compter ses ennemis : ils étaient cinq ; deux d'entr'eux hommes robustes et vigoureux avaient le costume et les manières des gens de mer , les trois autres, un vieillard et deux jeunes gens étaient d'une complexion plus faible , et leur teint basané annonçait qu'ils appartenaient à la tribu de Meg. Une coupe pleine d'eau-de-vie circulait parmi eux. « A son heureux voyage, dit l'un des marins , il passera une mauvaise nuit , s'il faut qu'il traverse les airs avec un temps si détestable. »

Nous ne fatiguerons pas nos lecteurs des affreuses imprécations dont ces honnêtes gens assaisonnaient leurs discours, et nous n'en rapporterons que les moins horribles.

— Il a lutté plus d'une fois en sa vie contre le vent du nord-est.... il ne craint plus maintenant la tempête.

— C'est aujourd'hui son dernier voyage, dit un autre, et la vieille Meg peut prier comme elle l'a fait tant de fois, que ce dernier coup de vent lui soit favorable.

— Je ne prierai ni pour lui ni pour vous, chiens de brigands. Les temps sont bien changés depuis ma jeunesse. Les hommes étaient des hommes alors, ils n'allaient pas au moulin la nuit. Les nobles avaient bon cœur et une pauvre égyptienne était sûre de trouver chez eux un gîte et du pain ; et depuis le grand Johnnie Faa jusqu'au petit Christie encore au maillot, personne n'eût pensé à leur arracher un cheveu. Nos bonnes vieilles règles sont bien négligées et il n'est pas étonnant que le fouet et le carcan vous soient si souvent appliqués. Oui, vous êtes tous changés ! vous rece vriez l'hospitalité d'un homme, vous mangeriez son pain ; vous boiriez sa bière, et votre reconnaissance serait de piller sa maison et de lui couper la gorge. Vos mains sont souillées d'un sang que vous n'avez jamais versé dans un combat honorable. Regardez-le... il n'est plus, il a lutté long-temps contre la mort, il s'agitait, se débattait et ne pouvait ni vivre ni mourir. Mais vous.... la moitié de la contrée verra votre grimace, lorsque vous serez suspendus au gibet.

Cette prophétie de Meg fit éclater de rire la compagnie.

— Qu'êtes-vous venue faire ici, dit un des égyptiens, vieille sorcière ? Ne pouviez-vous pas continuer de donner la bonne fortune dans les sables du Cumberland ? Sortez pour veiller autour de la maison, vieille diablesse, vous n'êtes plus bonne qu'à cela.

— Ah ! je ne suis plus bonne qu'à cela ? j'étais bonne à autre chose dans le grand combat entre nos gens et Patrico Salmon ;

si ces bras ne vous avaient pas secouru, dit-elle en élevant les mains, Jean Baillie vous aurait écrasé, petit scélérat!

De nouveaux éclats de rire, s'élevèrent aux dépens du héros qui devait la vie à notre amazone.

— Allons, la mère, dit un des marins, buvez un coup et ne vous inquiétez pas de ces fanfaronnades.

Meg but de l'eau-de-vie et se retirant de la conversation, elle s'assit près de l'endroit où Brown était caché, de manière qu'il eût été difficile d'approcher de lui, sans la déranger. Mais aucun de ces personnages ne parut avoir cette intention.

Ils se placèrent autour du feu et parurent se consulter entr'eux; mais comme ils parlaient très-bas et dans une espèce de jargon, Brown ne put comprendre qu'une petite partie de leur entretien. Tout ce qu'il put entendre lui indiqua qu'ils étaient furieux contre quelqu'un. — Je lui ferai son compte, dit l'un d'eux en ajoutant quelques mots à l'oreille de son voisin.

— Je ne me mêle pas de cela, répondit celui-ci.

— Seriez-vous devenu une poule mouillée, Jack ?

— Non, morbleu, pas plus que vous mais c'est une affaire de ce genre qui arrêta tout le commerce, il y a quinze ou vingt-ans. Vous avez entendu parler du *saut....*

— Je lui ai entendu raconter cette histoire, dit l'autre en indiquant le cadavre par un signe de tête : comme il riait en rapportant de quelle manière il l'avait traîné jusqu'au rocher ?

— Eh ! bien, c'est à cela que nous devons l'interruption du commerce.

— Comment donc ?

— Comment ? le peuple eut peur, et ne voulut plus trafiquer avec nous.

— Bah ! il faut qu'il ait affaire aux égyptiens et qu'il se tienne sur ses gardes.

— Voilà la vieille Meg qui s'endort, dit un autre, elle radote maintenant et son ombre lui fait peur. Elle va encore nous chanter ses vieilles chansons si vous n'y mettez pas ordre.

— Ne crains rien , dit le vieux [bohé-
mien , Meg est une véritable égyptienne ;
elle est la dernière de la tribu dont je me
méfierais , mais elle a des manières bizar-
res et des façons de parler particulières.

Ils continuèrent la conversation dans
un langage obscur qu'ils rendaient plus
intelligibles par leurs signes , sans jamais
en exprimer distinctement le sujet. Enfin
l'un d'eux observant que Meg était pro-
fondément endormie ou du moins paraissait l'être, commanda à l'un des jeunes-
gens d'apporter *Pierre le noir* pour lui
ouvrir la panse. L'enfant sortit et revint
avec un porte-manteau que Brown reconnut aussitôt pour le sien ; ce qui lui fit
craindre que le jeune postillon qu'il avait
laissé à la voiture ne fût assassiné. Ce
doute horrible déchirait son cœur , et pendant que les brigands tiraient les unes
après les autres les pièces de sa garde-robe
en les admirant , il cherchait à découvrir
dans leurs discours quel avait été le sort
du malheureux postillon. Mais les voleurs
trouvaient trop de plaisir à examiner leur

prise pour entrer dans aucun détail sur
la manière dont il s'en étaient emparés.
Le porte-manteau contenait quelques habits, une paire de pistolets, un sac de
peau renfermant de l'argent et des papiers,
etc. etc. Dans toute autre occasion le peu
de cérémonie et la joie maligne avec laquelle ils se partageaient ses dépouilles,
aurait provoqué la colère de Brown;
mais sa position était trop dangereuse pour
qu'il pût se livrer à d'autres sentiments
qu'au désir de sa propre conservation.

Enfin après un examen scrupuleux du
porte-manteau et après en avoir fait un
égal partage, ils se remirent à boire et
passèrent ainsi la plus grande partie de la
nuit. Brown se flattait qu'ils finiraient par
s'enivrer et qu'il pourrait profiter de leur
ivresse pour s'échapper; mais leur profession exigeait de la prudence, et ils évi-
tèrent de dépasser les bornes de la mo-
dération. Ils se couchèrent et s'endormi-
rent, tandis que l'un deux faisait sentinelle.
Celui-ci fut relevé par un autre après une
faction de deux heures. Lorsque la seconde

conde veille fut écoulée, celui qui montait la garde les éveilla tous et à la grande joie de Brown, ils commencèrent à faire quelques préparatifs de départ; chacun faisait un paquet du lot qui lui était échu en partage. Il restait encore quelque chose à faire. Deux d'entr'eux après quelques recherches qui n'alarmèrent pas peu notre capitaine, tirèrent une pioche, une bêche et une pelle, de dessous la paille sur laquelle était étendu le cadavre; ils sortirent au nombre de trois, et les deux marins, hommes vigoureux, restèrent encore.

Au bout d'une demi-heure un de ceux qui étaient sortis rentra et vint dire quelques mots à l'oreille de ses camarades. Ceux-ci enveloppèrent le cadavre dans la pièce d'étoffe qui le couvrait et l'emportèrent avec eux. La vieille sybille sortant alors de son sommeil feint ou réel se leva et se dirigea vers la porte comme pour s'assurer du départ des bandits. Rentrant aussitôt elle commanda à Brown, d'une voix basse mais impérieuse, de la suivre à l'instant. Il obéit. Avant de sortir il aurait

voulu se ressaisir de son argent ou au
moins de ses papiers ; mais elle s'y op-
posa de la manière la plus péremptoire.
Brown réfléchissant que son dessein ferait tomber les soupçons sur une femme
à qui probablement il était redevable de
la vie , y renonça en se contentant de
s'armer d'un couteau de chassé qu'un des
brigands avait jeté sur la paille. Maître de
cette arme , il se crut à l'abri de tout danger. Le froid et la position contrainte qu'il
avait gardée toute la nuit avaient engourdi
ses jambes , et une forte crampe l'empêchait presque de marcher. Mais bientôt la
fraîcheur du matin et l'exercice, eurent ré-
tabli la circulation du sang.

La pâle clarté de l'aurore d'un jour
d'hiver était augmentée de l'éclat de la
neige que le froid de la nuit avait glacée.
Brown jeta un regard sur cette contrée ,
afin de la reconnaître. La petite tour dont
il ne restait que l'appartement voûté où il
avait passé cette nuit mémorable , était
bâtie sur un rocher escarpé qui dominait
le ruisseau. Il n'était accessible que d'un

côté ; les trois autres étaient des précipices si profonds que Brown reconnut qu'il avait échappé la veille à plus d'un danger ; car s'il avait fait le tour du bâtiment comme il en avait eu l'idée , il se serait brisé en mille pièces. Le vallon était si étroit que les arbres des côtés opposés se rencontrant formaient une voûte de glace sous laquelle on reconnaissait à sa couleur sombre le petit ruisseau , lorsque son cours n'était pas obstrué par la neige. Plus loin le vallon moins resserré laissait entre le rocher et le ruisseau un espace applani sur lequel étaient amoncelées les ruines du hameau où Brown s'était embarrassé la veille. Ces murs enfumés et couverts de mousse contrastaient avec la neige que le vent avait entassée autour d'eux.

Brown ne put jeter qu'un coup-d'œil rapide sur cette contrée désolée , car la bohémienne s'étant arrêtée un instant comme pour le laisser satisfaire sa curiosité , marcha plus vivement dans le sentier qui menait au fond du vallon. Il observa, non sans quelques soupçons , qu'elle

suivait des traces fraîches qu'il supposait
être celles des brigands ; mais un moment
de réflexion les dissipa bientôt : car comment supposer qu'une femme qui pouvait
facilement le faire égorger lorsqu'il était
sans défense, eût attendu pour le trahir qu'il
fût armé , libre et en rase campagne. Il
suivit donc son guide en silence et avec
plus de confiance. Ils passèrent le ruisseau
au même endroit que ceux qui les précé-
daient. Les traces traversaient le village
ruiné et paraissaient se diriger vers le fond
de la vallée qui n'était plus là qu'une ravine. Mais la bohémienne ne les suivit pas
long-temps : elle monta par un sentier
escarpé sur un rocher qui dominait le village et quoique la neige qui le couvrait
en rendît les abords glissants et difficiles ,
Meg s'avançait d'un pas ferme et déterminé
qui indiquait que la connaissance du pays
lui était familière. Elle parvint au som-
met de ce rocher par une pente si difficile
et si dangereuse, que Brown , quoique
convaincu qu'il avait suivi cette route la
nuit précédente était surpris de ce qu'il ne

s'était pas brisé les côtes mille fois. De cette élévation on découvrait d'un côté une surface déserte et inhabitée de deux milles d'étendue, et de l'autre des plantations considérables.

Meg continua de marcher sur la hauteur qui dominait le vallon jusqu'à ce qu'elle entendît le son de quelques voix. Alors lui montrant une plantation d'arbres à peu de distance : — Voilà la route de Kippletringan, lui dit-elle, hâtez-vous de fuir..... Votre vie est plus en danger que celle de beaucoup d'autres.... mais vous avez tout perdu.... attendez. Elle fouilla dans une grande poche d'où elle tira une bourse grise : — Votre famille a fait beaucoup d'aumônes à Meg et aux siens, elle est heureuse d'avoir assez vécu pour vous en rendre une faible partie, et elle mit la bourse dans ses mains.

— Cette femme est folle, pensa Brown, mais ce n'était pas le moment de disputer, car les voix qu'on entendait étaient probablement celles des brigands. — Com-

14.

ment vous remettrai-je cet argent, dit-il, et comment pourrai-je reconnaître le service que vous m'avez rendu ?

— J'ai deux graces à vous demander, répondit la sybille en parlant bas et vivement, la première que vous ne parliez jamais de ce que vous avez vu cette nuit, la seconde que vous ne quittiez pas le pays sans me revoir, que vous laissiez aux *Armes de Gordon* l'adresse où je pourrai vous trouver et qu'en quelque lieu que je vous appelle, soit à l'église, soit dans une foire, à une nôce ou à un enterrement, un dimanche ou un samedi, dans un repas ou à jeun, vous quittiez tout pour me suivre.

— Cela ne vous servira de rien, la mère.

— Non pas à moi, mais bien à vous, et c'est-là l'intérêt qui me fait agir. Je ne suis pas folle, quoique j'aie eu assez de chagrin pour le devenir ; je ne suis ni radoteuse, ni ivre, ni insensée, je sais ce que je vous demande, je sais aussi que c'est par la volonté de Dieu que vous avez été préservé des plus horribles dangers, je serai l'instrument qui vous replacera dans l'héritage de vos ancêtres. Donnez-moi votre parole et souvenez-vous que vous me devez la vie dans cette malheureuse nuit. « Il y a certainement quelque chose d'étonnant, dans cette femme, pensa Brown, mais c'est plutôt une grande énergie que de la folie. »

—— Eh ! bien, la mère, puisque vous me demandez une faveur si légère, je ne puis vous la refuser. Vous me fournirez au moins l'occasion de vous rendre ce que je vous dois, avec l'intérêt. Vous êtes une créancière d'une espèce particulière....

—— Partez, partez, dit-elle en élevant la main, tout cela vous appartient.... mais rappelez-vous votre promesse et gardez-vous de me suivre, même des yeux. Elle dit et se précipitant dans la ravine, elle descendit avec une telle rapidité, que les glaçons et les monceaux de neige roulaient encore après qu'elle avait disparu.

Malgré sa défense, Brown chercha un endroit, d'où, sans être aperçu, il pût voir ce qui se passait dans le vallon ; il

réussit avec peine, car les plus grandes
précautions étaient nécessaires. Un rocher
qui s'avançait à travers les arbres favorisa
son dessein. S'étant couché au milieu de
la neige, il avança la tête et découvrit le
fond de la vallée. Il aperçut ses compagnons de la nuit dernière à qui s'étaient
joints deux ou trois autres. Ils avaient en-
levé la neige du pied d'un rocher et creusé
une fosse profonde. Ils y descendaient
quelque chose enveloppé dans un drap
que Brown reconnut pour le cadavre du
malheureux qu'il avait vu expirer. Ils restèrent un moment en silence, paraissant
lui donner quelques regrets. Mais cet instant de recueillement ne fut pas long, car
ils se mirent tous à combler le tombeau.
Brown s'apercevant que leur travail serait
bientôt terminé, jugea prudent de suivre
l'avis de l'égytienne et se hâta de gagner la
plantation qui lui servirait d'asile.

Arrivé sous les arbres, il pensa d'abord
à la bourse de l'égyptienne. Il crut qu'il
y avait quelque avilissement à la tenir d'un
tel personnage, quoiqu'il l'eût reçue sans

hésiter. Elle le tirait cependant d'un grand
embarras, car tout son argent, excepté
quelques shelings, était dans son porte-
manteau et par conséquent entre les mains
des amis de Meg. Il lui aurait fallu du
temps avant d'en recevoir de son banquier
ou même de son hôte de Charlies-hope
qui se serait fait une joie de lui en prêter.
Il résolut donc de se servir de celui de
Meg, espérant bientôt trouver l'occasion
de le lui rendre avec une gratification. «
Ce doit être peu de chose, pensait-il, la
part qu'elle aura de mes billets de banque
la dédommagera assez. »

Pendant ces réflexions, il ouvrit la bourse
de cuir, croyant n'y trouver que trois ou
quatre guinées. Mais quelle fut sa surprise,
en voyant qu'indépendamment d'une quan-
tité de pièces d'or de divers types et de
divers pays qui s'élevaient au moins à cent
livres sterling, elle contenait un grand
nombre de bijoux et joyaux de prix, qui
lui parurent d'une valeur encore plus considérable, malgré le peu de temps qu'il
eut pour les apprécier.

Notre capitaine fut aussi étonné qu'embarrassé de se trouver possesseur d'une somme plus grande que celle qu'il avait perdue, et qui n'avait été probablement acquise que par les moyens criminels dont on s'était servi pour le dépouiller. Sa première pensée fut de se rendre chez le juge de paix le plus voisin et de placer entre ses mains le trésor dont il se trouvait le dépositaire d'une manière si inattendue, et de lui raconter en même temps sa singulière aventure. Mais un moment de réflexion changea ses sentiments. D'abord il aurait violé la promesse de ne jamais parler de cette nuit terrible; il aurait compromis la sûreté et même l'existence d'une femme à qui était redevable de la sienne, et qui lui avait donné de son propre mouvement une somme considérable: générosité qui serait ainsi devenue la cause de sa perte. Il éloigna cette pensée. D'ailleurs il était étranger, et privé, pour quelque temps du moins, des moyens de prouver son rang devant un juge de paix de village, quelquefois stupide et obstiné. « Je réflé-

chirai là dessus, dit-il ; peut-être trouve-
rai-je quelque régiment cantonné dans le
chef-lieu du comté. Là mon expérience dans
le service militaire, et le grand nombre
d'officiers que je connais dans l'armée me
feront facilement reconnaître des chefs et
me donneront un crédit que je n'obtien-
drais pas auprès d'un juge civil. Avec
l'appui du commandant je pourrai protéger cette malheureuse folle, dont l'erreur
ou les préjugés m'ont été si favorables. Un
magistrat civil se hâterait de lancer contr'elle un mandat d'arrêt, et les suites de
son arrestation sont faciles à prévoir. Non,
elle s'est comportée avec honneur à mon
égard, et quand ce serait le diable, je
veux agir avec honneur. Elle jouira du
privilége d'une cour martiale où le point
d'honneur est la suprême loi. Et puis ne la
verrai-je pas à Kipple.... Couple.... Comment m'a-t-elle dit ? Je lui rendrai sa bourse, et ensuite que la loi la lui enlève,
peu m'importe. Un officier qui a l'honneur
de servir le Roi, joue un triste rôle, en se
trouvant le détenteur d'objets volés.»

Pendant ces réflexions, Brown prit deux ou trois guinées dans le trésor de la bohémienne pour subvenir aux besoins les plus urgents, et résolut de ne plus l'ouvrir jusqu'à ce qu'il pût la rendre à celle de qui il la tenait, où la déposer entre les mains d'un fonctionnaire public. Il pensa ensuite à son couteau de chasse et son premier mouvement fut de le jeter dans les broussailles ; mais lorsqu'il réfléchit qu'il pouvait rencontrer quelques uns de ces brigands, il ne put se résoudre à s'en dessaisir. Son habit de voyage avait une tournure militaire, et le port d'une arme lui convenait assez. Quoique la mode de porter l'épée sans uniforme fut déjà tombée en désuétude, elle n'était pas si abandonnée, qu'on remarquât ceux qui la suivaient encore. Ainsi notre voyageur ayant conservé son arme et renfermé sa bourse, se disposa gaiement à traverser le bois pour arriver au grand chemin que la vieille Meg lui avait indiqué.

— CHAPITRE

CHAPITRE XIV.

Présent des Cieux, doux charme des humains.
O divine amitié ! tu pénètres nos ames :
Les cœurs éclairés de tes flammes,
Avec des plaisirs purs, n'ont que des jours sereins.

BERNARD.

Julie Mannering à Mathilde Marchmont.

« COMMENT pouvez-vous, ma chère Mathilde, me reprocher un refroidissement dans mon amitié ? Puis-je oublier jamais que c'est vous que mon cœur a choisie, que c'est dans votre sein que la pauvre Julie a déposé ses plus secrets sentimens ? C'est encore une injustice que vous me faites en supposant que j'ai cessé de vous chérir pour aimer Lucy Bertram. Soyez persuadée que quoiqu'elle soit une personne charmante et digne de beaucoup d'amitié, elle est peu faite pour devenir la confidente de mes pensées. Je dois vous

II.   15

avouer que nos occupations journalières
m'ôtent une partie du temps que j'avais
consacré à notre correspondance. Ma nouvelle compagne ignore entièrement les talents agréables et les usages du monde,
mais les langues française et italienne lui
sont familières. Elle en doit la connaissance
au monstre le plus grotesque que vous ayez
jamais vu; c'est celui que mon père a
nommé son bibliothécaire, et je crois qu'il
le protège pour montrer le peu de cas
qu'il fait de l'opinion du monde. Le colonel Mannering semble vouloir que rien de
ce qui lui appartient ou de ce qui a quelque rapport avec lui, ne passe pour ridicule. Je me souviens que dans l'Inde, il
avait un petit chien métis à jambes torses,
aux oreilles pendantes, dont il avait fait
son favori en dépit du goût de tout le
monde, et je me rapelle encore que pour
justifier son antipathie contre Brown, il
alléguait ses plaisanteries sur les oreilles
et les jambes de son Bingo. Sur ma parole,
Mathilde, je crois que c'est d'après un
principe semblable qu'il s'est formé la plus

haute opinion des distractions de ce pé-
dant. Lorsque cette espèce d'ours se met
à table, il prononce le bénédicité du ton
d'une revendeuse de poisson, il entasse
les morceaux dans sa bouche, comme un
roulier jette des paquets dans sa charret-
te, sans s'apercevoir de ce qu'il avale,
il récite enfin les graces du ton le plus
discordant, s'enfuit du salon et court s'en-
terrer au milieu d'énormes in-folios ron-
gés de vers et d'un aspect aussi désagréable que le sien. Tout cela serait suppor-
table, si je pouvais m'égayer aux dépens
de M. Sampson (c'est le bizarre nom de
ce bizarre personnage) ; mais dès que je
veux badiner, Lucy Bertram tourne vers
moi un regard si suppliant, qu'elle m'ôte
le courage de continuer, tandis que mon
père lance sur moi un coup-d'œil terrible,
fronce le sourcil et murmure une forte
réprimande.

« Ce n'est pas de cet original que je veux
m'entretenir avec vous ; vous saurez seulement qu'il est aussi versé dans les langues anciennes que dans les langues mo-

dernes qu'il a enseignées à Lucy Bertram,
il lui aurait également appris le grec et
le latin (et même l'hébreux) si elle n'avait
pas eu le bon sens de lui résister. Elle
possède beaucoup de connaissances , et je
suis véritablement surprise du plaisir qu'elle
goûte en se rappelant ses anciennes lectures. Tous les matins nous lisons ensemble , et je commence à avoir un peu plus
de goût pour l'italien , que lorsque nous
l'apprenions de cet animal de Cicipici ;
c'est ainsi que l'on doit écrire son nom et
non pas Tchitchipitchi. Vous voyez que je
commence à devenir savante.

« Mais peut-être aimé-je mieux miss Bertram pour les talents qui lui manquent
que pour ceux qu'elle possède. Elle ne
connaît pas la musique , et danse comme
une paysanne , avec gaîté et enjouement.
Je deviens ainsi sa maîtresse à mon tour ;
elle est enchantée des leçons que je lui
donne sur la harpe. Je lui montre quelques
uns des pas que la Pique nous a appris: vous
savez qu'il disait que je promettais beaucoup.

« Dans la soirée papa nous fait souven

la lecture, et je vous assure que je n'ai jamais entendu aussi bien lire la poësie : il n'est pas de ces déclamateurs qui veulent à la fois lire et gesticuler, qui contractent leurs traits, froncent leurs sourcils et s'agitent comme des acteurs sur la scène. Mon père est plus calme : c'est un homme de goût qui sent vivement, et qui par les inflexions seules de sa voix fait passer ses sentiments dans l'ame de l'auditeur. Lucy Bertram monte très-bien à cheval ; enhardie par son exemple, je puis maintenant l'accompagner, et en dépit du froid, nous faisons d'assez longues promenades. Vous voyez par ces détails qu'il ne me reste pas autant de temps pour vous écrire que par le passé.

« D'ailleurs, ma chère amie, je pourrais m'excuser comme les amis négligents, en vous disant que je n'ai rien de bien intéresssant à vous écrire. Vous saurez aussi que mes espérances, mes inquiétudes sur Brown, sont moins vives depuis que je sais qu'il est libre et qu'il se porte bien. Je dois vous avouer que je suis un peu dé-

pitée contre lui : ce beau monsieur n'aurait-
il pas dû me donner de ses nouvelles ? Si
nos liaisons ont été imprudentes , est-il
flatteur pour moi que ce soit M. Van-beest
Brown qui s'en aperçoive le premier et en
redoute les conséquences. Je lui promets
que je partage son opinion là-dessus , car
je ne puis y penser, sans rougir de ma folie
et de ma légèreté. Cependant j'ai encore
une si bonne opinion de ce pauvre Brown ;
que j'attribue son silence à quelque événement extraordinaire.

« Revenons à miss Bertram : non , ma
chère Mathilde, elle ne sera jamais votre
rivale dans mon cœur , et votre jalousie
est dénuée de fondement. Elle est aimable ,
sensible, pleine d'affection, et il y a peu
de personnes à qui j'aurais plus volontiers
recours pour trouver des consolations dans
les maux réels de la vie. Heureusement
ces maux sont rares , et dans mon infor-
tune actuelle j'ai besoin d'une amie qui
compâtisse aux peines du cœur. Le ciel le
sait et vous savez aussi , Mathilde , que
ces tendres afflictions ont besoin du baume

de l'amitié, aussi bien que les chagrins les
plus sérieux. Mais Lucy Bertram n'a rien,
absolument rien de cette douce sympathie.
Si j'étais malade, agitée par la fièvre, elle
passerait la nuit auprès de moi en me pro-
diguant les soins les plus affectueux ; mais
pour la fièvre du cœur dont ma chère Mathilde m'a si souvent soulagée, elle ne s'y
entendrait pas plus que son vieux pédago-
gue. Néanmoins la petite rusée a un amant
et leur amour mutuel (dont je suis sûre)
a quelque chose de romanesque. Elle devait être une grande héritière, mais elle
fut ruinée par la prodigalité de son père,
et par les friponneries de son homme
d'affaire. Elle était aimée du plus charmant jeune homme de la contrée, mais
comme il doit un jour posséder de grands
biens, elle découragea son amour en lui
représentant la disproportion de leur
fortune.

« Mais à travers cette modestie et ce
désintéressement, je crois m'apercevoir
que Lucy est une petite dissimulée, qui
aime encore le jeune Hazlewood, et il ne

serait pas impossible que celui-ci le lui
fît avouer, si elle et mon père lui en four-
nissaient l'occasion. Le colonel rend tou_
jours à miss Bertram ces petits soins qui
sont si favorables à un amant dans la situation d'Hazlewood. Je souhaite que mon
cher papa ne se répent e point de se mê-
ler d'affaires qui ne devraient pas le regarder; car si j'étais Hazlewood je ne ver-
rais pas sans jalousie ces compliments et
ces tendres égards qui doivent quelquefois lui faire passer de pénibles moments
Imaginez-vous la triste figure que fait alors
votre pauvre Julie. D'un côté, mon père fait
l'aimable auprès de mon amie, de l'autre,
Hazlewod épie chaque mot qui sort de sa
bouche et chaque mouvement de ses yeux,
tandis que moi, je n'ai pas la satisfaction
d'intéresser une créature humaine, pas
même le monstre de chapelain, qui, assis
la bouche béante, ses grands yeux ronds
fixes comme ceux d'une statue, ne cesse
d'admirer miss Bertram.

« Tout cela me donne quelquefois des
crispations de nerfs et des moments de

mauvaise humeur. Ces jours derniers me
voyant pour ainsi dire exclue de la société,
et cet abandon n'ayant vivement piquée,
je dirigeai une attaque sur Hazlewood, et
sa politesse naturelle l'empêchant de m'é-
chapper, il se défendit avec assez de chaleur. Je vous assure, Mathilde, qu'il est
charmant, et que je ne l'avais jamais vu
déployer tant d'esprit et d'amabilité. Notre
conversation devenait à chaque instant
plus animée, lorsqu'un soupir de miss
Lucy vint frapper nos oreilles. Je suis trop
généreuse pour poursuivre plus loin ma
victoire quand même je n'eusse pas craint
papa qui, heureusement pour moi, était
occupé à faire à miss Bertram la description
d'une tribu particulière d'indiens qui vi-
vaient dans l'intérieur des terres; il en
dessinait le costume sur les modèles de
broderie de Lucy, dont il gâta trois des
plus beaux. Mais je crois que dans ce moment elle ne pensait pas plus à la robe
qu'elle brodait qu'aux turbans des orien-
taux. J'ai été donc fort heureuse de ce
qu'il ne s'est pas aperçu de ma petite ma-

nœuvre, car il n'est pas tolérant en fait de coquetterie.

« Charles Hazlewood entendit ce faible soupir, et se repentant aussitôt des légères attentions qu'il accordait momentanément à un objet aussi peu digne que votre Julie, il s'approcha de la table où Lucy travaillait, avec une figure qui exprimait le regret le plus comique. Il lui fit quelques observations insignifiantes, et il fallait l'oreille d'un amant et d'une observatrice aussi pénétrante que moi, pour distinguer dans ce que lui répondit miss Lucy, plus de froideur et de cérémonie qu'à l'ordinaire. Le héros qui s'accusait lui-même en fut consterné. Vous avouerez qu'il convenait à ma générosité de me présenter comme médiatrice. Je me mêlai donc de la conversation avec indifférence et après leur avoir servi quelque temps de canal de communication, je les mis à leur aise. Je plaçai entr'eux un jeu d'échecs et je vins tourmenter papa qui était encore occupé de ses dessins. Les joueurs d'échecs étaient placés près de la cheminée à une petite table; le colonel un peu plus éloigné était assis à côté d'une autre table chargée de livres, car cette salle est grande et d'une forme gothique; ses nombreux recoins sont ornés d'une tapisserie si grotesque, que l'ouvrier qui l'a travaillée, serait bien en peine d'en expliquer les sujets.

— Le jeu d'échecs est-il bien amusant, papa ?

— On le dit, répondit-il, sans m'honorer d'un regard.

— Je le croirais aussi, d'après l'attention qu'y portent M. Hazlewood et miss Lucy.

« Il leva vivement la tête et suspendit un instant son travail; mais n'ayant sans doute rien vu qui pût lui donner de l'inquiétude, il continua à dessiner un turban de Marattes. Je l'interrompis encore en lui disant : Quel âge a miss Bertram, papa ?

— Que sais-je ? à peu-près votre âge.

— Oh ! elle est plus âgée. Vous me dites qu'elle fait avec plus de grace que moi les honneurs de la table à thé, vous devriez lui accorder le droit d'y présider une fois et même toujours.

— Julie, ou vous avez perdu la raison, ou vous êtes plus malicieuse que je ne croyais.

— O mon cher papa, ayez meilleure opinion de moi, je ne voudrais pas passer pour folle pour tout au monde.

— Pourquoi parlez-vous donc ainsi?

— Mais il n'y a rien de déraisonnable dans ce que je viens de vous dire. Tout le monde dit que vous êtes un bel homme (il sourit) pour votre âge .... (il reprit son sérieux) qui n'est pas fort avancé; et pourquoi craindriez-vous de satisfaire vos goûts?... Je suis sensible, mais légère; les soins d'une compagne plus prudente n'ajouteraient-ils pas à votre bonheur?

« Il y avait, dans la manière dont il me prit la main, un mélange de tristesse et d'amitié qui semblait me reprocher d'avoir voulu plaisanter avec ses sentiments. — Julie, me dit-il, je vous pardonne vos étourderies, parcequ'elles viennent de votre éducation que j'ai trop négligée. Cependant vous

ne devriez pas vous y abandonner sur un
sujet si délicat. Si vous ne respectez pas
les sentiments de l'auteur de vos jours
qui vous reste encore, ni ceux de la mère
que vous avez perdue, respectez au moins
le malheur, et rappelez-vous que si le
moindre vent de cette plaisanterie parve-
nait aux oreilles de miss Bertram, vous
la verriez renoncer à cet asyle et s'exposer
sans protecteur dans un monde dont elle
n'a que trop éprouvé l'injustice.

« Que pouvais-je lui répondre, Mathilde ? Je lui demandai pardon, et je lui promis d'être une bonne fille. Me voilà de nouveau dans l'inaction ; car puis-je en cons-
cience tourmenter encore cette pauvre Lucy, et me placer entr'elle et son amant,
malgré son peu de confiance à mon égard.
Après la grave remontrance de mon père,
je n'ose plus plaisanter avec lui sur un
sujet si délicat. Je suis donc réduite à dessiner des têtes de turc avec des cartes de
visites dont je brûle le bout après les avoir
roulées dans mes doigts. J'ai réussi hier

au soir à faire un superbe Hyder Ali. Je
fais résonner ma harpe infortunée ; je commence par la fin un livre bien sérieux que
je lis à rebours. Cependant le silence de
Brown m'inquiète. S'il avait été obligé de
quitter le pays, il m'aurait écrit. Mon
père aurait-il intercepté ses lettres ?....
Mais non, il ne dévierait pas de ses principes. Il n'ouvrirait pas une lettre qui, arrivée le soir, me ferait évader le lendemain
matin par la fenêtre.... Quelle expression
ai-je laissée échapper ! J'en rougis même
devant vous, Mathilde, quoiqu'elle ne
soit qu'une plaisanterie. Je ne dois pas me
faire un grand mérite de suivre mon devoir ; M. Van-Beest Brown n'est pas un
amant assez passionné pour entraîner l'objet de ses amours dans une démarche in-
considérée. Il faut avouer qu'il me donne
bien le temps de la réflexion. Je ne veux
pas pourtant le condamner sans l'entendre, ni me permettre le moindre doute
sur la noblesse et la fermeté d'un caractère dont je vous ai si souvent fait l'éloge.

« Pourquoi donc, me direz-vous en

x igeant tant de fidélité d'un amant, s'inquiéter de ce que Hazlewood n'est pas sensible à vos charmes ? Je me fais cette question cent fois le jour , et la seule réponse.
Que j'y trouve , c'est qu'il n'est pas agréable d'être négligée, quoique je ne voulusses
pas encourager une véritable infidélité.

« Je vous écris toutes ces bagatelles
parceque vous me dites qu'elles vous amu-
sent : ce dont je suis étonnée. Lorsque
nous voyagions ensemble dans le pays des
féeries, vous n'admiriez que le romanesque
et le merveilleux ; vous n'aimiez que les
preux chevaliers, les géants, les nains, les
belles infortunées, les magiciens, les re-
venants et les mains sanglantes. Tandis
que je préférais les intrigues compliquées
de la vie privée, ou tout au plus le pouvoir surnaturel des génies de l'orient ou
d'une fée bienfaisante. C'est sur un vaste
océan enchaîné par le calme ou agité par
la tempête, au milieu de ses profonds
abymes et de ses vagues écumantes que
vous aimiez à voir balancer le vaisseau de
votre vie. Et moi portée sur un léger es-

quif je préférais un lac ou une baie paisible, où il suffirait de quelque adresse
pour vaincre les difficultés d'une navigation
peu dangereuse. Ainsi donc il vous faudrait pour père, le mien avec l'orgueil de
ses armes et de ses ayeux, son point
d'honneur chevaleresque, ses talents dis-
tingués et ses connaissances mystérieuses;
pour amie Lucy Bertram, dont les ancêtres, avec leurs noms aussi difficiles à retenir qu'à écrire, étendaient leur domina-
tion sur toute cette contrée romantique,
et qui est née, à ce que j'ai appris confu-
sément, au milieu des circonstances les
plus merveilleuses et les plus intéressantes;
pour résidence notre maison environnée
demontagnes, de sites pittoresques et de
ruines antiques. Je prendrais en échange
les vergers, les bosquets, les berceaux de
verdure et les serres de Pine-Park avec
votre bonne tante douce et indulgente, sa
chapelle le matin, sa sieste après dîner,
et sa partie de wisk le soir, sans oublier
ses gros chevaux et son cocher plus gros
encore. Remarquez cependant que Brown
n'est pas compris dans l'échange proposé.

son humeur enjouée, sa conversation animée et sa galanterie sans prétention con-
viennent à mon plan de vie, ainsi que sa
belle taille, ses beaux traits, son courage
magnanime et son caractère chevaleresque. Mais puisque nous ne pouvons
changer notre sort, je pense qu'il faut
en rester où nous en sommes. »

CHAPITRE XV.

*--- Je n'accepte pas votre défi; si vous parlez
si durement, je barricaderai ma porte contre
vos attaques. --- Voyez-vous cette fenêtre
Storm? --- Peu m'importe, je sers le bon
duc de Norfolk.*

Le joyeux Diable d'Edmonton.

Julie Mannering à Mathilde Marchmont.

JE quitte mon lit, où j'ai été malade,
pour vous faire part des scènes étranges
et terribles qui viennent de se passer ici.
Hélas! combien peu nous devons nous
jouer avec l'avenir! Je terminai ma dernière missive en vous plaisantant sur votre

16

goût pour le romanesque et les fictions extraordinaires. Que j'étais loin de prévoir
que sous peu de jours, j'aurais à vous raconter des événements aussi surprenants!
Etre témoin de ces scènes de terreur
ou en lire la description, c'est aussi différent que d'être penchée sur le bord d'un
affreux précipice, retenue seulement par
un faible arbrisseau, ou d'admirer un pareil tableau dans un paysage de Salvator.
Mais je ne veux pas anticiper sur ma
narration.

« La première partie de cette histoire
est assez effrayante, quoique elle ne touche en rien aux sentiments de mon cœur·
Vous saurez que cette contrée est très-fa-
vorable à la contrebande. Ce sont des hommes déterminés de l'isle de Man située vis-
à-vis ces côtes, qui font ce trafic. Nombreux et résolus, ils deviennent la terreur
du voisinage, lorsqu'on veut mettre obstacle à leur commerce illicite. Les magistrats par timidité ou par des motifs plus
coupables n'agissaient que faiblement contr'eux, et l'impunité les rendait plus entre-

prenants. Il était naturel de croire que mon père, étranger dans le pays, n'y exerçant aucune autorité, ne devait rien avoir à démêler avec eux. Mais, comme il le dit lui-même, cela devait être, parce qu'étant né sous l'influence de Mars, le tumulte des combats doit venir le troubler jusque dans la solitude la plus reculée.

« C'était environ onze heures du matin, mardi dernier, mon père et Hazlewood se proposaient d'aller à la chasse aux canards, à un lac éloigné de trois milles. Lucy et moi nous étions occupées à notre plan d'études pour la journée, lorsque nous fûmes alarmées par le galop de plusieurs chevaux qui accouraient dans notre avenue. Le bruit retentissait d'autant plus, que la terre était fortement gelée. A l'instant nous vîmes trois hommes armés et montés, conduisant chacun en laisse un cheval chargé de ballots. Dès qu'ils furent dans le parc, ils abandonnèrent le chemin qui faisait un coude, pour arriver plus directement à la porte de la maison. Leurs habits étaient dans le plus grand désordre,

et ils tournaient à tout moment la tête
comme des gens poursuivis. Mon père et
Hazlewood coururent à la porte pour leur
demander ce qu'ils voulaient et quel était
le motif de leur visite. Ils étaient des officiers de la douane qui avaient saisi des
chevaux chargés de marchandises de contrebande. Mais les contrebandiers ayant
reçu des renforts étaient à leur poursuite
autant pour recouvrer leurs ballots que
pour les assassiner. Ils étaient venus à
Woodbourne parce que leurs chevaux chargés leur faisaient perdre du terrain et sa-
chant que mon père avait servi le roi, ils
avaient pensé qu'il ne refuserait pas sa
protection à des officiers du gouvernement
qui étaient menacés de la mort en faisant
leur devoir.

« Mon père qui, dans son enthousiasme
militaire, accorderait l'hospitalité à un
chien, s'il la lui demandait au nom du Roi,
donna promptement des ordres pour mettre en sûreté les marchandises, pour armer les domestiques et défendre la maison
en cas de nécessité. Hazlewood le seconda

avec zèle, et même cet étrange animal
qu'on appelle Sampson saisit un fusil de
chasse que mon père venait de quitter
pour prendre un fusil à canon rayé avec
lequel on chasse le tigre dans les Indes.
L'arme partit dans les mains du pauvre
chapelain, et manqua de tuer un douanier.
A cette explosion inattendue, Dominie s'é-
cria *prodigieux*, c'est son exclamation fa-
vorite pour manquer son étonnement.
Mais personne ne put le forcer à se séparer de son arme déchargée; on se contenta
de la lui laisser sans lui donner de muni-
tions. Ces détails ne nous furent racontés
par Hazlewood qu'après l'événement, et
il nous amusa beaucoup du courage et de
la gaucherie de Dominie.

« Lorsque mon père eut tout mis en état
de défense, et eut placé tout son monde
aux croisées avec des fusils, il pensa à nous
préserver de tout danger et nous dit, je
crois, de nous retirer dans la cave.
Mais rien ne put nous décider. Quoique
extrêmement effrayée, je préférai voir de
près le danger qui nous menaçait, plutôt que

d'en entendre le bruit, sans en connaître
la nature et les progrès. Lucy aussi pâle
qu'une statue de marbre et les yeux fixés
sur Hazlewood, semblait ne pas entendre
les prières avec lesquelles il la conjurait
de s'éloigner du danger. Il est vrai qu'à
moins que la porte ne fût forcée, il y avait
peu de péril à redouter. Les fenêtres
étaient bouchées par des coussins, des oreil-
lers et, à la grande douleur de Dominie,
par des piles d'in-folios apportés à la hâte
de la bibliothèque, qui ne laissaient que
l'espace nécessaire pour faire feu sur les
assaillans.

« Toutes ces dispositions prises, nous
nous assîmes dans l'appartement plongé
dans les ténèbres, avec une inquiétude
inexprimable; les hommes étaient en silence à leurs postes, attendant avec anxiété le péril qui s'approchait. Mon père
qui se trouvait dans son élément, allait de
l'un à l'autre, réitérant l'ordre de ne faire
feu que lorsqu'il aurait donné le signal.
Hazlewood qui semblait puiser du courage
dans ses yeux, lui servait d'aide-de-camp.

il déployait la plus grande activité et veillait à l'éxécution de ses ordres. Nos forces,
les étrangers compris , montaient à douze
hommes.

« Le silence de cette pénible attente fut
enfin interrompu par un bruit qui ressemblait de loin au sourd murmure d'un courant d'eau , mais on distingua bientôt le
galop d'un grand nombre de chevaux. Je
m'étais ménagée un trou pour voir l'approche de l'ennemi. J'aperçus bientôt plus
de trente cavaliers se précipiter dans le
parc. Jamais vous n'avez vu des brigands
plus horribles. Malgré la rigueur de la
saison , plusieurs n'avaient que la chemise
et les culottes , avec leurs mouchoirs noués
autour de la tête ; tous étaient armés de carabines , de pistolets et de
couteaux de chasse. Moi, qui suis fille d'un
soldat , et accoutumée à l'image de la
guerre dès ma plus tendre enfance, je
n'ai jamais de ma vie été aussi effrayée
qu'à l'aspect farouche de ces brigands ;
dont les chevaux étaient tout fumants par
la rapidité de leur course, et qui poussaient

des hurlements de rage en voyant leur
proie leur échapper. Ils s'arrêtèrent cependant lorsqu'ils virent les préparatifs faits
pour les recevoir et parurent tenir conseil.
Enfin l'un d'eux, la face noircie de poudre
pour se déguiser, s'approcha avec un
mouchoir blanc au bout de sa carabine,
et demanda à parler au colonel Mannering.
Je vis en tremblant mon père ouvrir la
fenêtre pour lui demander ce qu'il voulait.
— Nous voulons nos marchandises qui
nous ont é é volées ; notre lieutenant m'a
chargé de vous dire, que si l'on nous les
rend, nous nous retirerons sans faire aucun mal à ces coquins de douaniers, si
non, nous incendierons la maison, et nous
passerons tout au fil de l'épée. Il répéta
plusieurs fois cette menace en l'assaisonnant de nouvelles imprécations et des serments les plus horribles. — Et quel est
votre lieutenant ? lui demanda mon père.

— C'est ce gentilhomme monté sur un
cheval gris, répondit le brigand, dont la
tête est enveloppée d'un mouchoir écarlate.

— Vous direz à ce gentilhomme que si
lui

lui et sa troupe de bandits ne se retirent sur le champ de mon parc, je vais faire feu sur eux sans cérémonie. A peine eut-il achevé de parler, qu'il ferma la fenêtre et termina la conférence.

« Le brigand n'eut pas plutôt rejoint sa troupe que, poussant les plus affreux rugissemens, ils firent une décharge générale sur notre garnison. Les vitres de toutes les fenêtres furent brisées, mais les précautions que l'on avait prises nous préservèrent. Ils réitérèrent trois fois leur feu sans qu'on leur répondît par un seul coup de fusil. Mon père observa que plusieurs se détachaient et s'approchaient avec des leviers et des haches, sans doute pour enfoncer la porte : « Que personne ne tire que Hazlewood et moi, s'écria-t-il: Hazlewood, feu sur l'ambassadeur. » Il tira lui-même sur l'homme au cheval gris qui tomba sous le coup. Hazlewood fut aussi adroit ; il renversa le parlementaire qui, descendu de cheval, s'avançait une hache à la main. Leur chûte découragea les autres qui commencèrent à tourner bride. Une décharge

générale détermina leur retraite, et ils
partirent en emportant leurs camarades
morts ou blessés. Nous ne pûmes obser-
ver si leur perte avait été plus grande.
Quelques moments après, à ma grande satisfaction, nous vîmes arriver un détache-
ment de soldats. Ils étaient cantonnés dans
un village à peu de distance. Au premier
bruit de l'escarmouche, ils s'étaient mis
en marche. Une partie escorta les douaniers effrayés et leur prise jusqu'au port
le plus voisin, et le reste, d'après mes
instances resta au château jusqu'au surlendemain, pour le protéger contre une nouvelle entreprise de ces hommes vindicatifs.

« Telle fut, ma chère Mathilde, ma
première alarme. Je dois vous dire encore
que les brigands laissèrent dans une cabane
sur la route celui dont le visage était noirci
de poudre, sans doute parce qu'il n'avait
pu supporter le transport. Il expira une
demi-heure après. On reconnut que c'était
un paysan du voisinage considéré depuis
long-temps comme un contrebandier. Nous
reçûmes beaucoup de félicitations des fa-

milles du voisinage et tout le monde fut
d'avis que quelques leçons de ce genre
suffiraient pour abattre l'orgueil de ces
gens sans loi. Mon père distribua des ré-
compenses à ses domestiques , éleva jusqu'aux nues la valeur et le sang-froid
d'Hazlewood et nous félicita, Lucy et
moi , de ce que nous avions soutenu le
feu avec fermeté, sans troubler ses
opérations par nos larmes. Quand à
Dominie, mon père profita de cette occasion pour lui proposer de changer de tabatière. Cette offre fut acceptée par l'honnête M. Sampson qui vanta beaucoup sa
nouvelle tabatière. « Il l'estimait autant ,
dit-il, que si elle était du véritable or
d'Ophir.» Le pauvre homme ne se trom-
pait point, elle était en effet de ce métal.
Mais il faut lui rendre justice; s'il en connaissait la valeur , il ne l'apprécierait pas
plus que si elle était de cuivre doré : son
principal mérite à ses yeux, est d'avoir
appartenu à mon père. Il a eu une rude
tâche pour replacer les in-folios, pour
en redresser les faux plis et les oreilles , et

pour réparer lés divers dommages qu'ils avaient souffert en nous servant de fortifications. Il nous apporta quelques balles que ces énormes volumes avaient heureusement interceptées dans l'action, et qu'il en avait extrait avec le plus grand soin. Si j'étais d'une humeur badine je vous ferais un récit comique de la surprise qu'il éprouvait en voyant notre insensibilité, lorsqu'il nous racontait les blessures et les mutilations du grand Albert et du philosophe Aristote; mais je n'ai pas envie de rire, et j'ai encore un événement bien plus intéressant à vous décrire. Je suis si fatiguée, que je ne reprendrai la plume que demain; je vous envoie cependant la présente, afin que vous n'ayez aucune inquiétude à l'égard de votre chère

« JULIE MANNERING. »

CHAPITRE XVI.

Quel monde , que celui où nous vivons !....
Connaissez vous cette belle histoire ?

Le Roi Jean.

« JE vais reprendre mon histoire , où je
la laissai hier.

« Pendant deux ou trois jours nous ne
parlions que de notre siége, et des suites
fâcheuses qu'il pouvait avoir. Nous pro-
posâmes vainement à mon père d'aller à
Edimbourg ou au moins à Dumfries où il
y a bonne société , jusqu'à ce que nous
n'eussions plus rien à craindre de la vengeance des contrebandiers. Il répondit avec
un grand sang froid qu'il ne voulait pas
abandonner à la rapacité de ces brigands ,
la maison qu'il louait et ses propres meubles ; qu'avec notre permission , on l'avait
toujours jugé assez prudent pour veiller à
la sûreté de sa famille ; que s'il demeurait
paisible chez lui , la réception qu'il avait
faite aux bandits n'était pas de nature à

17.

les engager à lui rendre une seconde visite ; mais que s'il manifestait la moindre
crainte, c'était le moyen de les enhardir
et d'attirer sur nous de nouveaux dangers.
Rassurés par ces raisonnements et par
l'extrême indifférence avec laquelle il re-
poussait nos craintes , nous recommen-
çames nos promenades accoutumées. Seulement l'on avait soin de marcher armé
d'un fusil , lorsqu'on nous accompagnait.
Mon père veilla pendant plusieurs nuits
avec une attention particulière à ce que la
maison fût bien fermée, et recommenda
à ses domestiques de tenir leurs armes prê-
tes en cas de besoin.

« Mais à peine trois jours s'étaient écou-
lés , qu'il arriva un événement bien plus
alarmant pour moi que l'attaque des contrebandiers.

« Je vous ai dit qu'il y avait à quelque
distance un petit lac où nos messieurs allaient parfois chasser les canards sauvages.
Je dis en déjeûnant que je serais charmée
de voir courir sur le lac glacé les patineurs
qui exécutaient une espèce de jeu particu-

lier. La neige couvrait les terres., mais
elle etait si gelée qu'on pouvait y marcher
facilement, et le sentier était déjà tracé
par les patineurs qui se rendaient en foule
sur le lac. Hazlewood offrit de nous accompagner et nous y consentîmes, à condition qu'il prendrait son fusil. L'idée d'aller patiner avec un fusil le fit beaucoup
rire ; mais pour calmer nos frayeurs, il
dit à un valet qui nous servait de garde-
chasse d'en prendre un et de nous suivre.
Quant au colonel qui n'aime à voir des
figures rassemblées que dans une revue, il
refusa de venir avec nous.

« Nous partîmes de bon matin : le temps
était frais, un air vif et pur nous rendait
gais et agiles. Notre promenade jusqu'au
lac fut délicieuse, et les petits obstacles
que nous rencontrâmes ne servirent qu'à
en augmenter les agrémens. Une pente
glissante, un fossé à traverser sur la glace,
nécessitaient le secours d'Hazlewood : ce
qui, aux yeux de Lucy, n'était pas un des
moindres plaisirs de la promenade.

« Le lac offrait un coup-d'œil enchanteur. D'un côté s'élevait un rocher escarpé sur lequel les rayons du soleil faisaient briller des milliers de glaçons, de l'autre un petit bois présentait le spectacle curieux de ses arbres chargés de neige. Sur la surface glacée du lac s'agitaient des figures innombrables ; les unes le traversaient avec la rapidité de la flèche, les autres y décrivaient divers cercles. Des groupes plus paisibles s'occupaient à regarder les habitants de deux paroisses qui se disputaient le prix de l'art de patiner : honneur d'une grande importance, à en juger par le vif intérêt qu'y prenaient les acteurs et les spectateurs. Nous fîmes le tour du lac, appuyées toutes les deux sur le bras d'Hazlewood. Il parlait avec aménité aux vieux comme aux jeunes et il paraissait jouir d'une grande popularité. Nous songeâmes enfin à nous retirer.

« Pourquoi fais-je mention de ces circonstances minutieuses ? Dieu sait si j'y attache beaucoup d'importance ! mais comme un homme qui se noie s'accroche au moindre arbrisseau, de même je saisis la moin-

dre circonstance qui retarde le récit du
terrible malheur que j'ai à vous raconter.
Mais il faut que vous l'appreniez, ô vous,
Mathilde, qui êtes la seule amie en qui je
puisse déposer les peines de mon cœur !

« Nous retournions à la maison par
un sentier qui traverse une plantation de
sapins. Lucy avait quitté le bras d'Hazlewood qu'elle n'accepte jamais que lorsqu'elle s'y voit forcée par la nécessité;
j'étais encore appuyée sur l'autre bras.
Lucy nous suivait de près et le domestique
marchait deux ou trois pas derrière nous.
Telle était notre position, lorsque tout-à-
coup, comme s'il sortait de terre, Brown
parut devant nous ! Il était mis simple-
ment, je dirai presque pauvrement, et sa
figure paraissait violemment émue. La surprise et la crainte m'arrachèrent un cri.
Hazlewood se méprit sur la cause de mes
alarmes et lorsque Brown s'avança comme
pour me parler, il lui ordonna fièrement
de se retirer et de ne pas alarmer davantage ces dames. Brown lui répondit sur le
même ton, que ce n'était pas de lui qu'il

prendrait des leçons de politesse envers les
dames. Je crois qu'Hazlewood plein de
l'idée que c'était un contrebandier agité
de sinistres desseins , ne l'entendit qu'im-
parfaitement. Il prit l'arme des mains du
domestique et le couchant en joue , il le
somma de s'éloigner. Mes cris, car la terreur m'empêchait d'articuler un seul mot,
ne firent que hâter la catastrophe. Brown
ainsi menacé , s'élança sur Hazlewood , le
saisit , et avait presque réussi à lui arracher
l'arme des mains , lorsque le fusil partit
et la charge ayant frappé Hazlewood à
l'épaule , le renversa aussitôt. Je né vis
plus rien , car je perdis de suite connaissance. Mais comme je l'ai su de Lucy, le
malheureux auteur de cette action resta
quelques instants à contempler d'un œil
égaré cet effrayant tableau , et comme les
cris de miss Bertram commençaient à attirer
du monde , il franchit une haie qui séparait
le sentier de la plantation , disparut, et depuis l'on n'en a plus entendu parler. Le
domestique ne fit aucun effort pour l'arrêter et le récit qu'il fit à ceux qui accou-

rurent, les engagea plutôt à donner des
marques d'humanité en me rappelant à la
vie et en secourant le blessé, qu'à montrer leur courage en poursuivant un homme
qu'on leur avait dépeint désespéré, vigoureux et bien armé.

« Hazlewood fut transporté à Woodbourne. Quoiqu'il souffre beaucoup, on
dit que sa blessure n'est pas dangereuse.
Mais les conséquences de cet événement
peuvent être terribles pour Brown. Il était
déjà l'objet du ressentiment de mon père,
et maintenant le voilà en butte aux poursuites de la justice et à la vengeance du
père d'Hazlewood qui menace de remuer
ciel et terre pour punir l'auteur de la blessure de son fils. Comment pourra-t-il échapper à la vindicative activité de ce vieillard ?
Qu'opposera-t-il à l'inflexibilité des loix
qui menacent, dit-on, sa vie ? Quel moyen
prendrai-je pour l'instruire des dangers qu'il court ? Le chagrin mal déguisé
que cause à Lucy la blessure de son amant
augmente encore mes tourments, et tout
s'élève contre moi pour me reprocher mon

indiscrétion, source de tous ces malheurs.

« Pendant deux jours j'ai été bien malade ; mais la nouvelle qu'Hazlewood allait mieux et que l'on avait reconnu que celui qui l'avait blessé était un contrebandier, me rendit la santé. Les soupçons et les recherches dirigées contre ces fraudeurs lui donneront le temps de s'éloigner, et il doit être déjà en sûreté. Cependant des patrouilles à pied et à cheval parcourent les environs, et toutes les fois que j'entends parler de découvertes et d'arrestations, je suis dans une mortelle anxiété.

« Ma plus grande consolation est dans la noble générosité d'Hazlewood qui persiste à déclarer que quelles que fussent les intentions de la personne qui l'a blessé, il est pleinement convaincu que l'arme n'est partie que par un accident indépendant de sa volonté. D'un autre côté, le valet assure que le fusil a été arraché des mains d'Hazlewood et dirigé contre lui : Lucy incline vers la même opinion. Je ne la soupçonne pas d'avoir l'intention d'exagérer. Voilà cependant l'incertitude des témoignages humains

mains: car il n'y a pas de doute que le coup
ne soit parti par accident. Peut-être ferais-
je bien de confier mon secret à Hazlewood,
mais il est si jeune que j'éprouve une extrême répugnance à lui parler de ma folie.
J'eus l'idée de découvrir le mystère à Lucy, et je commençai par lui demander si
elle se rappelait les traits de l'homme que
nous avions si malheureusement rencontré. Elle me fit une si horrible description de ce brigand, que je n'eus pas le
courage de lui avouer mon attachement
pour lui. Il faut que miss Bertram soit
étrangement aveuglée par la prévention,
car il serait difficile de trouver d'homme
mieux fait que le pauvre Brown. Je ne
l'avais pas vu depuis long-temps, et même
dans cette soudaine apparition, il me parut,
après y avoir réfléchi, avoir gagné soit
plus de dignité dans les traits, soit une
démarche plus noble et plus aisée. Le re-
verrai-je encore ?.... Qui peut répondre à
cette question ? Ecrivez-moi sans vous fâcher, ma chère Mathilde; mais cette
prière est inutile; cependant écrivez-moi

II.   18

bientôt , et compâtissez à mes peines ; car je ne suis pas dans une situation qui me permette de profiter de vos avis ou de vos reproches , et je n'ai plus le courage d'y riposter par des plaisanteries. J'éprouve la terreur d'un enfant qui, dans son étourderie, a mis en action une mécanique puissante, et tandis qu'il regarde avec effroi tourner les roues et les cilindres , qu'il entend le fracas des chaînes, il est aussi étonné des mouvements extraordinaires dont il est le moteur, qu'épouvanté des effets surprenants qu'il ne peut arrêter.

« Je ne dois pas oublier de vous dire que mon père est rempli de tendresse pour moi, et qu'il est persuadé que mon indisposition n'a d'autre cause que l'alarme de ce funeste jour. J'ai l'espoir que Brown se sera rendu en Angleterre , en Irlande ou dans l'île de Man. Là il peut attendre avec patience et en sûreté les suites de la blessure d'Hazlewood; car les communications de ces contrées avec l'Ecosse ne sont pas , grâce au ciel , très-intimes , quand il s'agit de la justice. Les conséquences de son arrestation seraient terribles dans ce moment. Je cherche à fortifier mon esprit contre la possibilité d'un tel malheur. Hélas ! que de chagrins, que de craintes bien justement fondées, ont succédé à la douce et uniforme existence qui faisait mon bonheur ! Mais je ne veux pas vous fatiguer plus long-temps de mes plaintes. Adieu, ma chère Mathilde !

« JULIE MANNERING. »

FIN DU TOME SECOND.

e
n
a
o
e
d
n

h
a
i

es généraux et extraordinaires de la nation
, bien convaincue, d'après un long exa-
ne mûre délibération, que les anciennes
amentales de cette monarchie, modifiées
organisation et appuyées d'une garantie,
ent d'une manière stable et permanente
ère exécution, rempliront le grand objet
elui de la gloire, de la prospérité et du
de toute la nation, décrètent, pour le bon
ment et la bonne administration de l'Etat,
ation politique suivante :

TITRE I.

la Nation espagnole et des Espagnols.

CHAPITRE PREMIER.

De la Nation espagnole.

La Nation espagnole se compose de tous
nols des deux hémisphères.
Nation espagnole est libre et indépendante ;
ni peut être le patrimoine d'aucune famille
n individu.